HEINRICH HEI

POEMS

HEINRICH HEINE

POEMS

SELECTED WITH INTRODUCTION
AND NOTES BY
RICHIE ROBERTSON

PUBLISHED BY BRISTOL CLASSICAL PRESS
GENERAL EDITOR: JOHN H. BETTS
GERMAN TEXTS SERIES EDITOR: PETER HUTCHINSON

First published in 1993 by
Bristol Classical Press
an imprint of
Gerald Duckworth & Co. Ltd
61 Frith Street
London W1D 3JL
e-mail: inquiries@duckworth-publishers.co.uk
Website: www.ducknet.co.uk

Reprinted 2001

A catalogue record for this book is available
from the British Library

ISBN 1-85399-335-2

Printed in Great Britain by
Antony Rowe Ltd., Eastbourne

CONTENTS

Contents

HEINE'S LIFE

1797, 13 December: born to Jewish parents in Düsseldorf.

1819: enters University of Bonn, with law as his main subject, but also attends lectures on German literature.

1820: transfers to University of Göttingen; rusticated for planning to fight a duel.

1821: moves to University of Berlin.

1822: publishes *Gedichte*.

1823: publishes *Tragödien nebst einem lyrischen Intermezzo*.

1824: returns to Göttingen to complete his studies. **Sept.-Oct.**: walking tour through the Harz Mountains, on which his first major prose work, *Die Harzreise*, is based.

1825: graduates from Göttingen. Converts to Protestantism.

1826: publication of *Die Harzreise* in book form as part of volume I of the *Reisebilder*.

1827: publishes *Buch der Lieder* and *Reisebilder II*.

1830: July Revolution in Paris: the restored Bourbon dynasty is replaced by the 'citizen-king' Louis Philippe.

1831: Heine moves to Paris, where he lives for the rest of his life.

1835, 10 December: Heine's writings, along with those of the so-called 'Young German' school of writers, are officially banned throughout Germany.

1841: marries Crescence-Eugénie Mirat ('Mathilde').

1842: writes *Atta Troll: Ein Sommernachtstraum*, a romantic and humorous narrative poem (published 1847), satirizing many targets including the German political poets.

1843: revisits Germany.

1844: publishes *Deutschland: Ein Wintermärchen*, a satirical poem loosely based on his visit, and *Neue Gedichte*.

1848: outbreak of revolutions in Paris, Berlin, Milan, Naples, Vienna, Prague. Heine collapses with a painful and paralysing illness; bedridden for the remaining eight years of his life.

1851: publishes *Romanzero*.

1854: publishes *Gedichte 1853 und 1854*.

1856, 17 February: dies; buried at Montmartre.

INTRODUCTION

Heine's best-known collection of poems, *Buch der Lieder* (1827), was the first of the four volumes of poetry he published during his lifetime: the others were *Neue Gedichte* (1844), *Romanzero* (1851), and *Gedichte 1853 und 1854* (1854). The *Buch der Lieder* is famous partly because so many of the poems in it have been set to music: anyone who sings or listens to 'Lieder' knows some Heine. It was not an immediate best seller, however; the young Heine was better known as a prose writer, thanks to his semi-fictional travel sketches, set in Italy, Germany and England, and published as *Reisebilder* (1826-31).

To read poems from the *Buch der Lieder* in an anthology is misleading, because in their context they form a series of cycles, so that the book is more than the sum of its parts. The first section of *Buch der Lieder*, the earliest written (and least read), is entitled 'Junge Leiden'. Then follows 'Lyrisches Intermezzo', so called because Heine originally published it in 1823 in *Tragödien nebst einem lyrischen Intermezzo*: the lyric poems formed a middle section in this volume between Heine's two early tragedies, *Almansor*, set in medieval Spain, and *William Ratcliff*, set in a very fanciful Scotland. Next comes another long section, 'Die Heimkehr', followed by a small group of poems previously published in 'Die Harz-reise' (the first of the *Reisebilder*), and judged by Heine worthy of reprinting. Finally we have two long poem-cycles entitled 'Die Nordsee'.

The 'Junge Leiden' are a mixture. Many of the poems here, like 'Belsatzar' and 'Die Grenadiere', are perfectly self-contained. These illustrate Heine's first attempts at the ballad form. 'Die Grenadiere', testimony to Heine's early cult of Napoleon, relies largely on the dramatic use of dialogue; 'Belsatzar' is in narrative form, leading up to the king's act of blasphemy and the divine warning that immediately follows. Both leave connections to be worked out by the reader: notably, the poems' subtle political messages. The grenadiers' loyalty to the memory of Napoleon indicates Heine's refusal to accept the reactionary regimes that succeeded Napoleon's fall; and Belshazzar is killed, not as in the Bible by foreign invaders, but by his own rebellious servants – a warning against popular revolt.

The bulk of the *Buch der Lieder* is concerned with private, not public matters, and its structure derives from an emotional narrative. The 'youthful sorrows' of the first section are succeeded by a love-affair that seems to be unhappy and unsuccessful from the outset. The two lovers can only dream of being united, as in 'Lyrisches Intermezzo' 9, 32, and 42. In reality they are separated, like the spruce-tree and the palm in no. 33. The girl apparently rejects the speaker's advances and eventually marries somebody else. The narrative, therefore, is primarily an inward, psychological narrative, the story of how he gradually gets over his unhappiness. He consoles himself, for example, by thinking that she is now secretly miserable ('Lyrisches Intermezzo' 18), even though she may live in splendour, adorned with diamonds. By imagining her at her dressing-table ('Lyrisches Intermezzo' 34) he suggests that in any case she is a trivial creature not worth his sorrows. Most interestingly, in 'Lyrisches Intermezzo' 42 he fantasizes about their being together, but cannot imagine them as happy: indeed, he morbidly rejects the possibility of supernatural happiness. Even more morbid is no. 18, where, in strange necrophiliac passion, the speaker imagines embracing his beloved in the grave so ardently that they will ignore the Day of Judgement. These fantasies imply considerable aggression, indeed hatred, towards the beloved. They give the collection more psychological interest than much love-poetry, and they warn the reader that for Heine hate is a more productive theme than love.

In 'Die Heimkehr' the speaker returns to a city where both he and the beloved used to live. In no. 20 he seems to see his former self as a shockingly corporeal reminder of his past agonies. When he accidentally meets the beloved's family in no. 6, their insensitive remarks, especially those of the childishly callous younger sister, reawaken his pain. He is preoccupied with memories. He reflects more on his experiences, or rather on his divided attitude to them: his irony is an unsuccessful attempt to distance his own emotions (nos 44, 63). The world around him is dark, stormy and cheerless; night and fog provide the keynote. Still, he is evidently putting the love affair behind him, indeed he seems to be starting another one (no. 63), though he helplessly condemns his folly. Even earlier, in 'Lyrisches Intermezzo' no. 50, the 'Schätzchen' can hardly be the disdainful beloved, but seems to refer to another lover who, if her low social class did not exclude her from tea-table society, could tell its denizens a few things about love.

This psychological development, however, takes place in a contemporary social setting. Contrasting his poems with the folk-songs of Wilhelm Müller, Heine wrote to him on 7 June 1826: 'In meinen Gedichten hingegen ist nur die Form einigermaßen volksthümlich, der Inhalt gehört der convenzionellen Gesellschaft.' Thus the speaker attends a tea-party and listens to pretentious conversation; he observes Philistine townspeople taking their Sunday stroll, ignorantly rhapsodizing about the beauties of Nature, while he himself defies Nature by retreating to his room, drawing the curtains, and summoning up the ghosts of the past. This generates a two-way irony. The outside world seems trivial through its unawareness of what the speaker is going through. But its presence often makes the speaker seem self-indulgent: when he wallows in memories in a darkened room, for example, he seems to be artificially fostering his own emotions, making a cult of his grief.

Besides the poems which contrast inner and outer worlds, we should note several in which emotion is condensed into a symbol: the spruce-tree and palm, or the flower that grows on a suicide's grave. In the latter Heine is inverting the meaning of a famous Romantic image, the blue flower, which appears at the opening of Novalis' *Heinrich von Ofterdingen* (1802). In the folk-song Heine was following, the blue flower represents a girl who has committed suicide on being abandoned by her lover: Heine thus places himself in the role conventionally allotted to the woman. The richest of these symbolic poems concerns the Lorelei. Here the speaker projects his emotions into an alleged 'Märchen aus alten Zeiten' (in fact an invention barely twenty years old) to conjure up a mythical spell-binding woman, who, as she combs her golden hair, seems as vain and self-absorbed as the beloved at her dressing-table. Like the beloved, she is not malevolent but (worse still) indifferent towards her victims. She is the first of a long series of *femmes fatales* who will appear in Heine's writings, notably the three seductive goddesses who feature in the Wild Hunt episode of *Atta Troll*, and their repellent counterparts, the Fates (in 'Es sitzen am Kreuzweg drei Frauen').

Naturally the love-story discernible in *Buch der Lieder* has excited much curiosity about the experiences that lay behind it. Almost all we know about these, however, is implied in two of Heine's letters. The first, dated 27 October 1816, is among the very earliest of Heine's letters, written when he was eighteen. It begins 'Sie liebt mich **nicht**', the word 'nicht' being heavily emphasized, and expresses a great deal of distress.[1] But we have hardly any other letters from this period and know almost nothing about Heine's life at this time. The person concerned may have been his cousin Amalie Heine, the daughter of his rich Uncle Salomon. But the main evidence for her identity is another letter, dated 19 October 1827: 'ich bin im Begriff, diesen Morgen eine Frau zu besuchen, die ich in 11 Jahren nicht gesehen habe, und der man nachsagt, ich sey einst verliebt in sie gewesen. Sie heißt Me Friedländer aus Königsberg, so zu sagen eine

3

Cousine von mir. [...] Die Welt ist dumm und fade und unerquicklich und riecht nach vertrockneten Veilchen.' It is not much to go on. Scholars have conjectured that after being rebuffed by Amalie, Heine may have transferred his affections to her sister Therese; this supposition rests on slight, but not negligible evidence – mainly on a group of powerful and bitter poems that Heine addressed to her many years later after she had visited him in Paris. (See 'Vom Schöppenstuhle der Vernunft...'.) In any case, these putative experiences antedated the poems by several years. The earliest poems in *Buch der Lieder* date from ca. 1821, so there can be no question of Heine pouring his intense emotions straight into verse. Whatever really happened, it has been transmuted into literature and needs to be discussed in literary, not biographical terms. The 'I' who speaks in *Buch der Lieder* is not Heine, but a literary device employed by Heine: a voice, a mask, a persona.

A cycle of poems dramatizing complex emotions in a contemporary setting, and playing the setting off against poetic conventions, was something rather new in 1820s Germany. Goethe's *Römische Elegien* (written in 1790, published 1795) had set a love-affair in modern Rome amid classical allusions; but it is the resemblances between past and present, rather than the discrepancies, that Goethe highlights. Some poems by Clemens Brentano, especially 'Treulieb, Treulieb ist verloren!', confront Romantic conventions with abject reality as boldly and more brutally than any of Heine's early poems. But Heine put in question the entire conventional apparatus of Romantic poetry. In the neat antitheses of 'Gespräch auf der Paderborner Heide', the Romantic paraphernalia imagined by one speaker – music, bugles, bells, veiled beauties – are exposed by the other as parts of a mundane German landscape. Almost everything that the Romantic speaker perceives is through the ear; the poem seems to invite him to open his eyes and *look* at the world. However, he retreats into his inner, subjective world as a defence against unattractive reality. This contrast between the artificial and the real is often staged in much subtler ways. In the famous poem 'Auf Flügeln des Gesanges' he promises to transport his beloved, by means of poetry, to an exotic India. But what will they do when they get there? They will 'träumen seligen Traum' – they will go on dreaming. But if they are already in the dreamland of poetry, what else is there to dream about? The implication is that the dreamland of poetry is unsatisfying too. Similarly 'Philister in Sonntagsröcklein...' juxtaposes, as we have seen, two kinds of artificiality, suggesting that simple, direct feeling has now become banal (the problem Thomas Mann was to face some eighty years later in *Tonio Kröger*).

The technical subtlety with which Heine ironized Romantic conventions can be illustrated from 'Mein Herz, mein Herz ist traurig.' The verse-form is familiar: four-line strophes, with three stressed syllables in each line. Each line tends to form a unit on its own, with a pause at the end. While Romantic poetry exploits what has been called 'the pathetic fallacy', the notion that the natural world responds to the emotions of an individual, Heine begins by sharply contrasting the two. By making Nature indifferent, and thus rejecting an earlier poetic convention, he introduces an air of reality. And while Romantic poetry tried to demonstrate the unity of Nature and humankind, Heine's poem starts from a clash, a dissonance, between the two.

This dissonance is developed in the detailed survey of the landscape. Objects seem to be listed simply because they are there. By denying them any symbolic function, Heine enhances the impression of their reality. Unlike the persona, they seem happy and carefree: the moat flows peacefully, the boy whistles as he fishes; the objects beyond the moat look 'freundlich'; the girls jump merrily around. The persona's contrasting emotions are faintly suggested in the dry catalogue 'Lusthäuser, und Gärten, und Menschen...': he seems too preoccupied with his own feelings to spare any emotion for the objects in his gaze.

Then the speaker focuses on one object in his view: the old grey tower, with the sentry-box outside it, where a soldier in a red coat is marching to and fro and practising exercises with his rifle. The sudden wealth of detail implies that the persona, for some as yet undisclosed reason, is fascinated by the soldier. Finally we learn why: the speaker gives us a sudden revelation of his own feelings in the words 'Ich wollt', er schösse mich tot.' This is a much more violent version of the dissonance introduced in l. 2 with the word 'Doch'. It blows apart the peaceful landscape described throughout most of the poem. It is an example of the famous 'Stimmungsbruch' device that Heine uses in several poems. We are not told why the speaker wants to die: Heine allows his readers to work out such things for themselves. The ending confirms the gap which has opened up between inner, subjective reality and the outer world.

This crack or gap produces irony. Irony is sometimes crudely described as the rhetorical technique whereby a speaker implies the opposite of what he explicitly affirms. That, however, would merely be sarcasm. Irony is much subtler and more varied. It establishes a distance between speaker and utterance. But the attitudes implied by such distance can be very varied, from biting scorn to affectionate teasing. And the irony may be directed against the speaker, the addressee, or the subject being talked about. To identify irony, therefore, is only to begin the process of interpretation; and even the identification of irony is not always easy. A difficult case is 'Du bist wie eine Blume'. On the surface it reads like a gracious compliment to the addressee. But the word 'Blume' is suspiciously vague (elsewhere Heine specifies roses and violets), and the adjectives, 'hold und schön und rein', are close to clichés. Moreover, Heine strongly condemned the worn-out word 'hold' when another poet used it. The prayer that God will take care of the girl might imply that she will not retain her purity long if left to herself. Jeffrey Sammons points out that the poem actually says very little about the girl: 'In fact both stanzas are about the poet; in the first he locates the girl in a manageable, that is to say, trivial perspective, and in the second he mulls a gesture that will act out his superiority and at the same time urbanely dismiss the girl's character, all the while assuming that the girl is so simple that she will take these things for compliments and lovemaking.'[2] Here the internal ironic signals are very subtle; so much so that most readers have missed them, and we apparently have to accept that modern critics understand the poem better than Heine's contemporaries did. Should we find this surprising?

'Seegespenst' ironizes the persona of the Romantic poet which has predominated so far in the *Buch der Lieder*. The poet is torn between the Romantic fantasy of the drowned city and the mundane reality of the sea-captain who saves him from plunging overboard. This poem may be seen as a counterpart to 'Gespräch auf der Paderborner Heide': while there the poet had the last word, affirming the sanctity of his subjective, imaginative world, here the imaginative world is shown to be delusory and the last word belongs to the captain, recalling the poet to his everyday identity as 'Doktor'.

This poem belongs to 'Die Nordsee', the last section of the *Buch der Lieder*, which moves away from the persona's love-affairs to larger concerns. Its setting – the shores of the North Sea, where Heine spent several holidays in the 1820s – represents a much larger world than that of tea-tables. Here the persona faces the elements and asks ultimate, unanswerable questions. In fact, Heine's preoccupations in the 1820s were mostly more straightforward; the main one was finding a job. Anti-Jewish legislation meant that in order to become eligible for a post in the public service, he had to convert to Christianity. He took this step shamefacedly and secretly in 1825, but it did him no good. 'Anno 1829' records his frustration at being stuck in Hamburg (where several of his relatives lived, including his millionaire Uncle Salomon); its counterpart, 'Anno 1839', ironically confesses how, after moving to France, he feels homesick for the provincialism and rudeness of Germany.

One of the reasons for Heine's move to Paris in 1831 was the appeal of a new religion, Saint-Simonianism. The political theories of Henri de

Saint-Simon, an eccentric thinker who died in 1825, were taken up by a group of early socialists who proclaimed not only political but sexual liberation under the slogan 'emancipation of the flesh'. They presented Saint-Simon as the author of a third testament, superseding the Old and the New Testaments. Heine soon tired of the Saint-Simonians' pseudo-religious absurdities; but their doctrines helped him to form an antithesis between two outlooks on the world which he called Spiritualism and Sensualism. 'Spiritualism', in this sense, comprehends all those ascetic and moralistic teachings which reject the present world and urge us to place our hopes in the next life. 'Sensualism' comprehends doctrines which urge us to make the most of the present world and to enjoy especially the pleasures of the body. In Heine's view, the Greeks were Sensualists: they imagined their gods in bodily form, and their art celebrated the naked human body. The Old Testament Hebrews, whose god had no bodily form, and who forbade the making of any graven image, were Spiritualists. Heine uses this antithesis to structure much of his thinking, and, as we shall see presently, it underlies one of his last and greatest poems, 'Es träumte mir von einer Sommernacht'.

In the 1830s, Heine seems to have understood 'emancipation of the flesh' in a very literal way. His next volume of poetry, *Neue Gedichte*, begins with more love-poetry in the vein of the *Buch der Lieder*; but these poems are generally agreed to be unmemorable, apart from 'Leise zieht durch mein Gemüt' with its virtuoso sound-patterning; and Heine again treats poetic conventions as at best a pleasant falsehood. The volume also includes a long series of poems called 'Verschiedene' which purport to be about various women encountered in his early years in Paris. Their predatory sexuality suggests that 'emancipation' was intended principally for the benefit of men. However, two poems from those about 'Seraphine' deserve close attention. The first recounts an erotic pursuit by the seaside, culminating on top of a rock; in the second, this rock is blasphemously revealed as a successor to the 'rock' in Christ's words from the New Testament: 'Thou art Peter, and on this rock will I build my church.' An erotic encounter, then, is the foundation for the third, Saint-Simonian testament: the body is to be liberated; God is no longer imagined as outside the world, but as identical with the world and therefore present in every part of it, including the lovers' kisses.

The attractions and dangers of erotic experience are a major theme of Heine's poetry, personified in its many *femmes fatales* from the Lorelei onwards. One danger is that of satiety. Sensuality can become boring, leaving a sense of emptiness and an awareness that the body is basically dust ('Angelique' 9). And since, as the *Buch der Lieder* shows, Heine's eroticism includes an element of aggression and hatred, we should not be too surprised to find him reverting to traditional anti-feminine satire in 'Ein Weib'.

Living in Paris, which sheltered many political exiles from Germany, and working largely as a journalist, Heine could not ignore politics. After the defeat of Napoleon, the representatives of the chief European powers, meeting at the Congress of Vienna, were anxious to prevent any social unrest. They feared both liberals, who wanted parliamentary and constitutional government, and nationalists, who wanted a united Germany which would remove the power of the various German princes. To circumvent these dangers, a 'German Confederation' was established, consisting of thirty-six states and three free cities, which retained their sovereignty but met in a Diet ('Bundestag'). Only a few German states were constitutional: most were absolutist and remained so until the revolutions of 1848 induced their sovereigns to make political concessions. One of Heine's reasons for moving to Paris in 1831 was, by his own account, a warning that his radical sentiments might land him in prison; another was to escape the censorship, which obliged him in his prose writings of the 1820s to adopt a language of allusion. His problems were multiplied, however, when in 1835 the Federal Diet specifically included him among a group of radical writers who were forbidden to publish anywhere on Prussian territory. Heine and his publisher Campe, who was based in Hamburg, well outside Prussia, had to go to great lengths to evade the ban.

Hopes of liberalization were aroused in 1840 by the death of the reactionary King Friedrich Wilhelm III of Prussia, who had been on the throne since before Heine was born, and the accession of his supposedly more tolerant son. Friedrich Wilhelm IV did briefly relax the censorship, permitting an outburst of political poetry by liberals like Ferdinand Freiligrath and Hoffmann von Fallersleben. Heine's attitude to the political poets ('Tendenzdichter') was divided. On the one hand he both sympathized with their opposition to absolutism, and hated the Prussian government for imposing such difficulties on his literary career. On the other, he did not think that their worthy political sentiments could atone for the sheer badness of their verse. In his political poems, therefore, we can often see Heine climbing on to the bandwagon while asserting that he is much superior to its other passengers.

One difference that Heine claims is that his ideas have a philosophical foundation. 'Doktrin', the first poem in the 'Zeitgedichte' section of *Neue Gedichte*, claims that Heine's radicalism is based on his understanding of Hegel. Heine had attended Hegel's lectures on the philosophy of history at the University of Berlin in 1821; how much more he knew of Hegel's work is a matter of controversy, but he interpreted it in a politically progressive sense, as, underneath its obscurity, a doctrine of man's increasing self-awareness and hence increasing potential for self-liberation. Here he professes to have reduced Hegel's philosophy to a message of liberation that can be beaten out by a revolutionary drummer, and combined with the 'emancipation of the flesh' advocated by the Saint-Simonians and summed up here in the injunction 'küsse die Marketenderin!' Elsewhere Heine qualifies libertarian utterances with ironic doubts. Thus in 'Das Kind' he imagines Germania (the female symbol of German nationhood) bearing a future revolutionary hero; but he adds that even a liberator, if not decently clad, will suffer from German prudery and the German climate.

Sometimes Heine creates a dense network of allusion. In 'Adam der Erste' he issues an uncompromising demand for freedom; God appears as a modern authoritarian ruler, the angel as a policeman; Adam is an exile like Heine and many other Germans. Its academic vocabulary alludes to the dismissal of the liberal Hoffmann von Fallersleben from his professorship at the University of Breslau for the poems of protest published as *Unpolitische Lieder* (1842); and the poem itself is a revised version of one of Hoffmann's poems, 'Wir wollen es nicht haben', which I will quote in full to show that Heine was justified in claiming to be a better poet than his rivals:

Wir sollen hübsch im Paradiese bleiben
Und uns, wie's Adam tat, die Zeit vertreiben
Und keine Bücher lesen, keine schreiben –
Wir sollen hübsch im Paradiese bleiben.

Wir sollen vom Erkenntnisbaum nicht essen,
Uns freun an allem, was uns zugemessen,
Und des Gebotes nimmermehr vergessen:
Wir sollen vom Erkenntnisbaum nicht essen.

Das Paradies hat uns nur stets verdrossen,
Wie gerne sind wir *davon* ausgeschlossen!
Drum haben wir von diesem Baum genossen –
Das Paradies hat uns nur stets verdrossen.

Du Paradies der Diener und Soldaten,
Leb' wohl, du Jagdrevier der Potentaten,
Wir wollen dein auf ewig nun entraten,
Du Paradies der Diener und Soldaten![3]

9

Here Germany is presented as a Paradise in which people are allowed to stay as long as they do not eat of the tree of knowledge, and which, therefore, they are glad to leave. Heine's version is a dramatic monologue by Adam, and therefore much more vigorous; he identifies Paradise and Germany far more concisely in phrases like 'Den himmlischen Gendarmen', whereas Hoffmann develops his metaphor slowly and laboriously. Moreover, by writing a dramatic monologue, Heine recalls Goethe's poem 'Prometheus', in which Prometheus angrily defies the gods. By this implied kinship with Goethe, Heine is claiming to be a true poet and dismissing Hoffmann, however worthy his principles, as a mere versifier.

However, such allusive poetry would not necessarily have the simplicity needed to stimulate political emotions. Heine's most powerful political poem, 'Die schlesischen Weber', has a force and urgency which preclude irony. It was inspired by the futile uprising of the starving Silesian weavers in 1844 (later the subject of Gerhart Hauptmann's play *Die Weber*), and actually reached a mass audience by being distributed as a broadsheet. It is again a dramatic monologue, clearly structured in three successive curses; and the motif of weaving invokes the work of the Fates, weaving man's destiny, and thus suggests that the weavers' misery will bring Germany to its doom with a fateful inevitability. (Though Heine did not publish this poem in *Neue Gedichte*, I have included it here because of its affinities with the 'Zeitgedichte'.)

This poem comes from Heine's most radical period, the early 1840s, when he was friendly with Karl Marx and other Communist émigrés. Even before he met Marx, however, he expressed in the poem 'Lebensfahrt' his disquiet about the ultra-radical company he was keeping, with whom he seems to be heading into stormy darkness. He thought that Communism would bring about a state of equality in which everyone would have enough to eat but there would be no room for art; and yet, rather than that people should starve, he felt morally obliged to welcome this alternative. In a passage from his autobiographical *Geständnisse* published only in the French version, he wrote:

Les chefs plus ou moins occultes des communistes allemands sont de grands logiciens, dont les plus forts sont sortis de l'école de Hegel, et ils sont, sans nul doute, les têtes les plus capables, les caractères les plus énergiques de l'Allemagne. Ces docteurs en révolution et leurs disciples impitoyablement déterminés sont les seuls hommes en Allemagne qui aient vie, et c'est à eux, je le crains, qu'appartient l'avenir.[4]

(The more or less hidden leaders of the German Communists are great logicians, the most powerful of whom have emerged from the school of Hegel, and they are without doubt the most capable minds and the most energetic characters in Germany. These doctors of the revolution and their ruthlessly determined disciples are the only really living men in Germany, and it is to them, I fear, that the future belongs.)

The phrase 'doctors of the revolution' is used by analogy with 'doctors of the church'; these are learned men, the theologians of revolution, an evident allusion to Marx and his well-known brilliance and toughness in argument, as well as to his background in Hegel's philosophy.

The gathering discontent of the 1840s exploded in the unsuccessful revolutions of 1848. In February 1848 the bourgeois monarchy of Louis Philippe was overthrown in France, where on 26 February a republic was proclaimed; on the following day disturbances broke out in Baden, where a public meeting demanded freedom of the press, a German constitution, trial by jury, and the calling of a German parliament. Revolution spread to Vienna, Berlin, and elsewhere. Liberals in Germany set up a parliament which met in Frankfurt, but, having no troops, could not defend its principles against reaction. Authoritarian rule was restored in Austria in the winter of 1848-9. The Prussian assembly was broken up in November 1848. The Frankfurt parliament was itself dispersed by Prussian troops in September 1849. Heine's poem 'Im Oktober 1849' laments the political reaction and the Germans' return to their familiar apolitical character.

This is one of Heine's few comments on the 1848 revolutions; for their outbreak coincided with Heine's collapse from an illness from which he was never to recover. He had had poor health for years before, with eye trouble and blinding migraines, and spells of partial paralysis. In May 1848 he collapsed entirely. Just what Heine's illness was cannot be known for certain: he refers to it as consumption of the spinal column, and evidently thought that it was venereal in origin; but if it was, there is no explanation for the fact that Heine's brain remained unaffected. He was bedridden by intermittent paralysis which shifted from one part of his body to another. Often it affected his eyelids, and then, in order to read, he had to hold his eye open with his fingers. At times he had agonizing cramps. To deaden the pain he relied heavily on drugs, especially opium and morphine; wounds were kept open on his spine so that the morphine could be dripped into them directly. He described it in a letter written on 11 September 1848 to his brother Maximilian:

11

Über meine Krankheit will ich Dir nächstens einmal mancherley mittheilen, woraus Dir, dem Arzte, vielleicht ein Licht aufgehen mag. Ich weiß nicht, woran ich bin, und keiner meiner Ärzte weiß es. So viel ist gewiß, daß ich in den letzten drey Monathen mehr Qualen erduldet habe, als jemals die spanische Inquisizion ersinnen könnte. [...] Wenn ich auch nicht gleich sterbe, so ist doch das Leben für mich auf immer verloren, und ich liebe doch das Leben mit so inbrünstiger Leidenschaft. Für mich gibt es keine schönen Berggipfel mehr, die ich erklimme, keine Frauenlippe, die ich küsse, nicht mahl mehr ein guter Rinderbraten in Gesellschaft heiter schmausender Gäste; meine Lippen sind gelähmt wie meine Füße, auch die Eßwerkzeuge sind gelähmt, eben so sehr wie die Absonderungscanäle. Ich kann weder kauen noch k[acken], werde wie ein Vogel gefüttert. Dieses Unleben ist nicht zu ertragen.

Nevertheless, Heine did manage to endure this existence for eight more years, and, strangely, they were very productive years for his poetry. His major collection of the period is *Romanzero* (1851), which in the judgement of most modern readers has replaced the earlier favourite, *Buch der Lieder*, as his poetic masterpiece. Other poems were collected in *Gedichte 1853 und 1854* (1854), and yet others remained unpublished until after his death. These poems are extraordinary for their mixture of attitudes. Anger, blasphemy, humour, playfulness, fancy, and lamentation succeed one another with bewildering rapidity. Few of the poems, except the short ones, remain on a single note for long. Heine's restless mind requires a similar agility of the reader.

The subjects of *Romanzero*, and of many of Heine's other late poems, are taken from a great variety of historical and legendary sources. Heine's imagination ranges throughout history, seeing it as a process in which the worse man always wins – a view summed up trenchantly in 'Walküren'. Sometimes at least he sees history from the viewpoint of the vanquished. He does so most movingly in the ballad 'Schlachtfeld bei Hastings'. It represents the Saxons as the victims of the Norman Conquest. The better man, King Harold, has been defeated by the worse. Monks, unable to find his body, seek help from his former lover, Edith Schwanenhals. She searches the battlefield, horribly described ('Viel tausend Leichen') and recognizes Harold's body by the lovebites on the neck. His death symbolizes the fate of sensual love, celebrated earlier in the *Neue Gedichte*: to be defeated by the brutal forces of history.

The evil and destructive forces are shown at their most brutal in the long narrative poem 'Vitzliputzli', dealing with the conquest of the Aztec kingdom by the Spaniards under Hernán Cortez (1485-1547). When they reached its capital, Mexico, in November 1519, its king Montezuma (more correctly Moctezuma) at first welcomed them, thinking they might be gods. The Spaniards took him prisoner, and he was killed when trying, at their behest, to pacify the rebellious Aztecs. On the *noche triste* (sad night) of 30 June 1520 Cortez had to retreat from the city, leaving more than half his men to be sacrificed. The Spaniards returned and conquered the city in August 1521. The poem tempts one to find sympathy for the victims whose culture was extinguished. While showing the Spaniards to be brutal conquerors, however, Heine shows the Aztecs as little better, for they are portrayed as practising human sacrifice and cannibalism in the service of their sun-god (more correctly called Huitzilopochtli). But he takes cultural relativism further by telling us that from the Aztecs' viewpoint Christianity is shocking because the Catholic doctrine of transubstantiation means that one eats God ('Und es heißt, daß sie sogar/Ihre eignen Götter fräßen!'). At the end, the god they worship, Vitzliputzli, speaks to his priest, and announces that he will go to Europe and become a devil, in order to avenge the destruction of Mexico. There is a personal allusion here: it was widely believed that venereal disease was brought from America to Europe by the first invaders of the New World. (In Voltaire's *Candide*, Pangloss claims to be able to trace his pox all the way back to the sailors of Christopher Columbus.) And so Heine, suffering from a venereal ailment, is one of Vitzliputzli's victims.

In 'Vitzliputzli', however, Heine does not confine himself to a single incident, as he does in other historical poems such as 'Schlachtfeld bei Hastings'. Rather, it represents a new genre he develops late in life, which might be called the digressive narrative poem. It is anticipated by *Atta Troll*, which is proclaimed as a poem of pure imagination, a 'Traum der Sommernacht'. The later poems – 'Vitzliputzli', 'Bimini', 'Jehuda ben Halevy' – reveal the heightened imagination, partly induced no doubt by morphine, that Heine experienced during his illness. Most of these poems are, unfortunately, too long to be reproduced in anthologies. However, Heine's digressiveness can be illustrated from the prelude ('Präludium') that introduces 'Vitzliputzli'. In a beautiful passage, Heine imagines America as it was when the Europeans first arrived, before they spoiled it. It is a healthy world (in contrast to his own condition). He takes pleasure in imagining the exotic birds and the new scents, and this carries him back to the memory of an encounter with an Asian woman in London and to a moment in Rotterdam. The digressive movement of the poem allows Heine to indulge his fancy.

As this example shows, the late poems are often astonishingly playful.

Romanzero begins with laughter in 'Rhampsenit', which treats a historical episode comically, but still underlines the cynicism of rulers, as, more starkly, does 'König David'. The fable 'Rote Pantoffeln' seems addressed to children, but its warning reiterates the late poetry's repeated warnings of the perils of the world. Another of the gentler poems is 'Prinzessin Sabbat', an affectionately ironic evocation of the value of the Jewish Sabbath: here the Jew is typified as an enchanted prince, turned into a dog and compelled to scrape a living amid general scorn during the week, but allowed to regain human form on the Sabbath. This poem arouses significantly different reactions in Jewish and non-Jewish commentators: to name only two of the most authoritative, S.S. Prawer says of it: 'It exhibits to perfection his ability to be at once humorously detached and tender; to fuse caricature, realistically observed detail, allegory, and symbolism into a complex whole';[5] whereas Sammons, though well aware of the delicacy with which Heine poeticizes the Sabbath pleasures, finds that 'a satirical and, to some extent, unsympathetic tone prevails in the poem', as when the Queen of Sheba is reduced to a bluestocking and Princess Sabbath to 'a harmless, very bourgeois Jewish wife' who, because of the prince's 'irreparable vulgarity', can offer him no greater blessing than the Sabbath dinner.[6] Can such a conflict of opinions be resolved? Or do critics' own values inevitably control their interpretations?

The playfulness which is always breaking in has, however, its shadow side. Although in the early 1840s Heine still thought that poetry could make an impact on society, he is now much more sceptical about art, treating it as a delightful fiction which can at best briefly distract us from a hateful and sordid reality. 'Der Apollogott' exposes art as illusory. The young nun, a devotee of Spiritualism, is entranced by Sensualism as represented by the song sung by Apollo. But the singer is not really the Greek god of poetry; his song is a sentimental music-hall number; he calls Greece 'Grācia' and is evidently closer to Montparnasse than Mount Parnassus; while his companions, though dressed as the Muses, turn out to be runaway prostitutes. The nun is disillusioned by a Jewish pedlar she meets on her wanderings, who informs her that 'Faibisch' (an actual Jewish name, derived from 'Phoebus') comes from the most mundane background: his father circumcises children, his mother sells gherkins in the market, Faibisch himself was cantor in the synagogue but took to bad ways, played cards, broke the ritual laws, and now makes his living by clowning and singing at fairgrounds. From the Romantic setting of the Rhine (recalling the 'Lorelei' poem) we are plunged into the commercial modern world, in which art is reduced to a sideshow that merely parodies the genuine art of the past: the classics and the Bible.

The late Heine returns to the subjects of revolution and class conflict. But in the future he no longer sees a Saint-Simonian utopia, nor even a Communist society of equals. In 'Die Wanderratten' the struggle between rich and poor is a struggle between two kinds of rat. The hungry rats are the poor; they are radical in demanding equality and in rejecting belief in God; they only want to eat and drink. They are getting closer. Their opponents are the propertied classes, represented by the Mayor and the priests (pejoratively called 'Pfaffen'), who, unlike the wandering rats, believe in the immortality of the soul. But the rich believe less in religion than in property; and the opening strophe has already told us that they too are rats. The goals of the rats, represented by food and drink, are like a grim parody of the Saint-Simonian utopia of sensual satisfaction. As for the prospects for any other kind of revolution in Germany, Heine is doubtful: in '1649-1793-????' he suggests that if the Germans ever follow the British and the French in executing their monarchs, their natural deference to authority will allow them to do so only with the utmost regret.

Another social poem, 'Erinnerung an Hammonia', recalls the annual occasion when the children in the Hamburg orphanage march in procession through the streets and are given a meal. The orphans are shown looking pretty; everyone, including their unacknowledged fathers, gives them charity, which costs little or nothing and makes the donors feel good. But it is only one day in the year, and behind the orphans there looms up a huge cloud of human misery: the whole world, Heine suggests, is an orphanage. Rather different is 'Das Sklavenschiff'. There could hardly be a harsher exposure of man's inhumanity to man, yet the perspective is gruesomely jocular. Heine tells us very little about the feelings of the victims, except that when the slaves are fetched on deck and forced to dance, their sexual urges faintly reawaken. More attention is given to the callous cant of Mynheer van Koek and his doctor, and to the presumed feelings of the sharks. And yet this – like the Dickensian inhumanity of the doctor in 'Jammertal' – perhaps conveys ultimately the same message as 'Erinnerung an Hammonia', reminding us of how easy and indeed normal it is to be indifferent to others' suffering.

One of the puzzles of the later Heine is that he claimed to have returned to religion. This was not a complete volte-face. He had never been an atheist, even in his Saint-Simonian days: he had professed to believe in pantheism, the idea that God is identical with the world. And he had said that Christianity was a good religion for people who were suffering. It was consistent, therefore, that when suffering extreme pain he should return to belief in a personal God, though the God he refers to is not necessarily either the God of Christianity or the God of Judaism. But how much did

God help? Often Heine says that he needs God as someone to complain to; as someone to blame for his sufferings. On 12 October 1850 he wrote to his friend Heinrich Laube:

> Ich liege zusammengekrümmt, Tag und Nacht in Schmerzen, und wenn ich auch an einen Gott glaube, so glaube ich doch manchmal nicht an einen guten Gott. Die Hand dieses großen Tierquälers liegt schwer auf mir.

When Heine identifies himself with a character from the New Testament, it is Lazarus: a conflation of two New Testament characters called Lazarus, one the beggar covered with sores who received no charity from the rich man, and the other the Lazarus whom Jesus restored to life after he had been dead for three days and (as the New Testament informs us) was beginning to stink. Elsewhere he comes very close to blasphemy, above all in the great poem beginning 'Laß die heil'gen Parabolen'. Here Heine asks unanswerable questions about why the world is full of suffering and injustice. He demands a straight answer: 'Ohne Umschweif'. He wonders whose fault it is. Perhaps God is not omnipotent after all? Perhaps God himself is to blame? The poem ends without an answer: indeed with an imperfect rhyme ('Handvoll'/'Antwort') and with the brutal image of the questioner's mouth ('Maul') being finally closed with a handful of earth. A visitor to Heine's sick-room exclaimed that the poem was not religious but blasphemous. Heine replied that it was indeed religious, but blasphemously religious, 'blasphemisch-religiös'.[7] After all, if one blasphemes against God one must believe in him; and if one believes in God one at least has someone to blame for the obvious evil of the world.

While many of Heine's late poems range through history, others are insistently personal, locating the problem of suffering in his own tormented body. There are so many references to his own circumstances, in fact, that the concept of 'persona' arguably ceases to be useful: Heine seems to be addressing us himself with an often shocking directness. In particular, his poems refer to two people who helped him to survive for eight years. One was his wife, Crescence-Eugénie Mirat, whom Heine, on the grounds that he could not pronounce her name, called Mathilde. She was uneducated but a loyal and practical person. She could not speak German; Heine and she conversed entirely in French. She apparently did not know that he was a Jew, and was only dimly aware that he was a poet. Many people around Heine, such as Marx, despised her, and Heine himself, as we shall see, occasionally mocks her triviality; in 'Babylonische Sorgen' he fears that after his death she will be unable to fend for herself in the urban jungle of

Paris. The sick Heine feared that she would tire of him and abandon him, but she never did. The other important person in Heine's last years was a young woman called Elise Krinitz who paid him a visit in 1855 and often returned; she read to him and wrote letters to him. Heine called her the 'Mouche' (fly) because she had a seal with the image of a fly on it, and he was extremely fond of her; several poems addressed to her are virtually love poems, including 'Laß mich mit glühnden Zangen kneipen' in which he self-mockingly reproaches her for failing to keep an appointment, and 'Lotosblume' (censored by Heine's nineteenth-century editor Ernst Elster), in which he parodies the imagery of his early poetry (see 'Lyrisches Intermezzo' 10) to regret that their relationship cannot be physical.

In a complex and touching poem, 'Gedächtnisfeier', Heine imagines how he will be remembered after his death. It begins with emphatic negatives: 'Keine Messe', 'Keinen Kadosch': Heine, a Jew converted to Protestantism, will be remembered neither by masses said for his soul nor by the kaddish, the prayer which a Jew utters on behalf of his father: Heine was nominally no longer a Jew, and had no children. Only Mathilde may visit his grave on Montmartre when out strolling with Pauline, her companion, if the weather is mild enough. She will not weep, but only sigh with tears in her eyes; and she will then worry about getting home. Heine gives her advice as it were from beyond the grave about getting a carriage back from Montmartre to her home.

Even in a slighter poem, 'Mittelalterliche Roheit', Heine's imagination carries him beyond the present. He was frequently irritated by hearing people in neighbouring apartments practising the piano. This elicits an ironic compliment to the spread of modern culture, followed by a commendation of the railways for enabling one to flee one's relatives; the culminating third stanza, lightly but with large implications, questions the alleged benefits of progress by placing them alongside the situation of a sick man waiting for death.

The reference to Heine's relatives is not fortuitous, for his illness was exacerbated by a family quarrel over the legacy of his millionaire Uncle Salomon, in which Heine received only a minute share. The resulting bitterness can be illustrated here from 'Affrontenburg', in which Heine recalls visiting his Uncle Salomon's country estate beside the Elbe as a young man and evokes its atmosphere of backbiting. It hardly matters whether or not Heine's recollections were accurate; for he transforms the scene imaginatively. The secluded garden with its fountain, which in much literature would be the setting for a peaceful idyll, is here described as poisoned; the fountain has run dry; the roses are withered, the nightingales have sickened and died, and the only permanent inhabitants of the garden are toads, rats, frogs and vipers. From the poisoned natural world, the poem moves to the supernatural: the persona encounters a green ghost (the colour symbolizing envy) and feels himself held prisoner in a castle under a curse.

Just as Heine's imagination transforms his recollections into myth, so he tells us about his illness in painful detail but also with mythic heightening. An example is 'Wie langsam kriechet sie dahin'. Though written in concise quatrains, like the poems in the *Buch der Lieder*, it replaces the delicate Romantic rhythms, rich in unstressed syllables, with a firm, emphatic verse-movement. And instead of roses and nightingales, we have time imaged as a monster, a hideous snail. The language is plain and insistently negative ('Kein Sonnenstrahl, kein Hoffnungsschimmer'). Heine refuses to do less than face up to his sufferings; he knows he will leave his room only to die. Indeed, he imagines that he may already be dead. The darkness of his cell contrasts with the wild fantasies in his brain. He imagines pagan gods conducting wild and grotesque orgies. They are perhaps only ghosts haunting the skull of a dead poet: this is a powerful suggestion of being burnt out, a hollow skull where his brain used to be. Even when he writes down his fantasies the next morning, he is doing so with his 'Leichenhand'. Other poems introduce a sinister mythology. The Fates are imagined as three hideous crones whom Heine urges to cut his thread of life: only by dying can he be cured. In 'Babylonische Sorgen' he hallucinates flies with elephants' trunks, like grotesque Indian deities.

Heine also draws on Biblical and classical allusions to convey his situation. Thus in the sonnet 'Mein Tag war heiter' Heine temporarily adopts the mask of the Biblical King David, lover of women and author of the psalms – hence likewise both Sensualist and poet. In 'Morphine' he treats the drug administered to deaden his pain as representing sleep, the precursor of death, and invokes the Greek personifications of both powers. In 'Der Scheidende' and elsewhere he recalls the passage from the *Odyssey*, Book 11, in which Odysseus descends to the underworld and meets the dead, including the shade of the hero Achilles, who told him: 'I would rather be above ground still and labouring for some poor portionless man, than be lord over all the lifeless dead.'[8] Although Heine mocked the Philistines in the *Buch der Lieder*, now he would gladly be one, even in Stuttgart, which he evidently thinks of as the extreme of provincialism, if only he could stay alive.

Heine's most haunting poem, apparently written in the last few weeks of his life, was first published under the title 'Für die Mouche', and though the title may not be Heine's, there can be no doubt that the poem is addressed to Elise Krinitz. The dream-vision evokes a Romantic atmosphere of moonlight and flowers, which strangely recalls that of Heine's early poetry, but is clouded by the reference to 'die Zeit, die schlimmste Syphilis' and hence to Heine's own illness. The coffin containing the dead man has on its sides bas-relief pictures of figures drawn alternately from Greek myth and Biblical history. They represent Sensualism and Spiritualism: the gods feasting on Olympus, contrasted with the prudery of Adam and Eve; but Heine complicates the antithesis by including ridiculous or disgraceful episodes from the Old Testament (Balaam's talking donkey, Lot's incest with his daughters) and the *femme fatale* Herodias (yet another reminder of the dangers of the senses). Amid this scene there is a mysterious and beautiful communion between the dead man and the flower that bends over his coffin. The flower, said to have grown on Golgatha, implicitly equates Heine's sufferings with the passion of Christ; the other meaning of 'Passion' (familiar from 'Lyrisches Intermezzo' 50) is invoked when the flower is identified with a woman – an allusion to the non-physical love between the dying Heine and Elise Krinitz. This is disturbed, however, by a fight that breaks out among the figures carved on the coffin. The Greek figures are quarrelling with the Biblical ones, Sensualism with Spiritualism, and Heine depicts this conflict as one that can never be resolved; it is only ended for the moment by the braying of Balaam's donkey which drowns out both sides in the dispute and awakes Heine from his dream.

This strange poem is a kind of reprise of Heine's poetic career: a Romantic love-idyll, between a dead man and a flower, reanimates the atmosphere of the *Buch der Lieder*, but only as the setting for a non-physical and all the deeper relationship; the conflict between Sensualism and Spiritualism puts Heine's earlier beliefs into an ironic perspective – not only the Saint-Simonian visions he had indulged in the 1830s, but also his return to belief in God, his adoption of Spiritualism, after his collapse. Both of these are now ironized. Ideologies, the poem suggests, are much less important than an emotional relationship with an individual – a woman who is addressed quite without the condescension that underlies so many of Heine's earlier poems.

Notes

1. Heine's letters are quoted from *Briefe*, Friedrich Hirth (ed.) (Mainz: Kupferberg, 1949-50).

2. Jeffrey L. Sammons, *Heinrich Heine, the Elusive Poet* (New Haven and London: Yale University Press, 1969) p. 57.

3. 'Wir wollen es nicht haben' from *Unpolitische Lieder* (1842),

quoted from Hoffmann von Fallersleben, *Auswahl in drei Teilen*, Augusta Weidler-Steinberg (ed.) (Berlin: Bong, n.d.) ii. 45.

4. Quoted in Heine, *Sämtliche Schriften*, Klaus Briegleb (ed.) (6 vols, Munich: Hanser, 1968-76) vi./2, 186-7.

5. S.S. Prawer, *Heine's Jewish Comedy* (Oxford: Clarendon, 1983) p. 561.

6. J.L. Sammons, *Heinrich Heine, the Elusive Poet*, p. 388.

7. *Begegnungen mit Heine*, Michael Werner (ed.) (2 vols, Hamburg: Hoffmann & Campe, 1973) ii. 351.

8. Homer, *The Odyssey*, trans. Walter Shewring (Oxford: Oxford University Press, 1980) p. 139.

FURTHER READING

Two classic essays in English still form good introductions to Heine: 'Heinrich Heine' in Matthew Arnold, *Lectures and Essays in Criticism*, R.H. Super (ed.) (Ann Arbor: University of Michigan Press, 1962) pp. 107-32; and 'German Wit: Heinrich Heine' in *Essays of George Eliot*, Thomas Pinney (ed.) (Routledge and Kegan Paul, 1963) pp. 216-54. Ritchie Robertson, *Heine* (London: Peter Halban, 1988), offers an introduction to Heine's work as a whole.

Far the best biography is Jeffrey L. Sammons, *Heinrich Heine: A Modern Biography* (Princeton: Princeton University Press, 1979). Anyone curious about whether Heine's early love-poems were about either or both of his cousins will find the arguments sceptically evaluated in William Rose, *The Early Love Poetry of Heinrich Heine: An Inquiry into Poetic Inspiration* (Oxford: Clarendon Press, 1962).

There are three outstanding studies of Heine in English, best read in the following order. Jeffrey L. Sammons, *Heinrich Heine: The Elusive Poet* (New Haven: Yale University Press, 1969), is particularly noteworthy for its study of the persona's development in *Buch der Lieder* and its sensitive appreciation of *Romanzero* and other late works. S.S. Prawer, *Heine, the Tragic Satirist: A Study of the Later Poetry 1827-56* (Cambridge: Cambridge University Press, 1961) is a poem-by-poem analysis and also the first study to appreciate Heine's combination of wit and tragic seriousness. Nigel Reeves, *Heinrich Heine: Poetry and Politics* (Oxford: Oxford University Press, 1974), is a masterly analysis of Heine's poetry in relation to his thought. Also of use are Barker Fairley, *Heinrich Heine: An Interpretation* (Oxford: Oxford University Press, 1954) and Laura Hofrichter, *Heinrich Heine* (Oxford: Oxford University Press, 1963).

The best introduction to the *Buch der Lieder* is still S.S. Prawer, *Heine: Buch der Lieder* (London: Arnold, 1960). Michael Perraudin, in *Heinrich Heine: Poetry in Context: a study of 'Buch der Lieder'* (Oxford: Berg, 1989), has tried to argue that in the *Buch der Lieder*, as in other German poems of the 1820s, literary pilferings were intended to be recognized and admired; whether or not his overall thesis is convincing, he provides some

21

good studies of individual poems and describes well the situation of the writer in the 1820s.

The past quarter-century has seen an immense revival of interest in Heine in Germany. Gerhard Höhn, *Heine-Handbuch* (Stuttgart: Metzler, 1987), surveys Heine's work in the light of recent research, and the bibliography published annually in the *Heine-Jahrbuch* (henceforth *HJb*) lets one keep track of publications. However, there has been relatively little close attention paid to the poetry. Here is a selection of accessible articles, mostly recent, which examine individual poems in rewarding detail:

A range of poems from 'Die Grenadiere' to 'Das Sklavenschiff' are discussed in Walter Hinck, *Die deutsche Ballade von Bürger bis Brecht* (Göttingen: Vandenhoeck & Ruprecht, 1968) ch. 3.

Winfried Woesler, 'Zu Heinrich Heines "Belsatzar"', in Günter E. Grimm (ed.), *Gedichte und Interpretationen: Deutsche Balladen* (Stuttgart: Reclam, 1988) pp. 180-95.

Ignace Feuerlicht, 'Heines "Auf Flügeln des Gesanges"', *HJb* (1982) pp. 30-49.

Peter Christian Giese, 'Das Symposion am Teetisch: Heinrich Heines "Lyrisches Intermezzo", Nr. 50', *HJb* (1987) pp. 208-18.

Ursula Jaspersen, '"Ich weiß nicht, was soll es bedeuten"', in Benno von Wiese (ed.), *Die deutsche Lyrik* (2 vols, Düsseldorf: Bagel, 1956) ii. 128-33; Ignace Feuerlicht, 'Heine's "Lorelei": legend, literature, life', *German Quarterly* 53 (1980) 82-94; Ulrike Brunotte, 'Zum Verhältnis von Schicksal und Ironie in der "Loreley" Heinrich Heines', *HJb* (1985) pp. 236-45. See also Heinz Politzer, 'Das Schweigen der Sirenen', *Deutsche Vierteljahrsschrift für Literatur und Geistesgeschichte* [henceforth *DVjs*] 41 (1967) pp. 444-67, for a close reading of this poem (pp. 458-61) in the context of Romantic and later poems about sirens, nixies and mermaids.

Hans-Peter Bayerdörfer, '"Politische Ballade". Zu den "Historien" in Heines *Romanzero*', *DVjs* 46 (1972) pp. 435-68, goes into most detail on 'Karl I.', and also discusses Heine's relations with the 'Tendenzdichter'.

H. Mojem, 'Heinrich Heine: "Der Apollogott". Eine Interpretation', *Wirkendes Wort* 35 (1985) pp. 266-83.

Horst Rüdiger, 'Vitzliputzli im Exil', in V.J. Günther *et al.* (eds), *Untersuchungen zur Literatur als Geschichte: Festschrift für Benno von Wiese* (Berlin: Schmidt, 1973) pp. 307-24; Hartmut Steinecke, '"The Lost Cosmopolite": Heine's Images of Foreign Cultures and Peoples in the Historical Poems of the Late Period', in Peter Uwe Hohendahl and Sander L. Gilman (eds), *Heinrich Heine and the Occident* (Lincoln and London: University of Nebraska Press, 1991).

Winfried Freund, 'Heinrich Heine: "Die Wanderratten". Zeit-geschichtlicher aspekt und dichterische autonomie [sic]', *Wirkendes Wort* 26 (1976) pp. 122-32.

Paul Peters, 'Die Abbildung des Bildlosen. Zu Heinrich Heines "Morphine"', *HJb* (1991) pp. 134-51.

On specific topics: S.S. Prawer, *Heine's Jewish Comedy: A Study of his Portraits of Jews and Judaism* (Oxford: Clarendon Press, 1983), pursues its subject exhaustively through Heine's poems, prose, and letters; it provides valuable information on those poems with Jewish subject-matter. On Heine's Saint-Simonianism, see E.M. Butler, *The Saint-Simonian Movement in Germany: A Study of the Young German Movement* (Cambridge: Cambridge University Press, 1926) and Dolf Sternberger, *Heinrich Heine und die Abschaffung der Sünde* (revised edn, Frankfurt: Suhrkamp, 1976).

NOTE ON THE TEXT

The text of *Buch der Lieder* is taken from the third edition published in Heine's lifetime and reproduced in the Historisch-Kritische Ausgabe of his works, which is being undertaken by the Heinrich-Heine-Institut at Düsseldorf and is published by Hoffmann und Campe. I have modernized the spelling in order to avoid such unnecessary distractions as 'Thräne' instead of 'Träne', but have retained the original punctuation: even (or especially) where this is inconsistent, and where it differs from modern usage, it may indicate the pacing and emphasis that Heine intended for his lines. Since the Düsseldorf edition has not yet reached *Romanzero* and the posthumously published poems, I have followed the largely reliable nineteenth-century edition by Ernst Elster, with occasional emendations from the recent edition by Klaus Briegleb (Heine, *Sämtliche Schriften*, 6 volumes, Munich: Hanser, 1968-76).

Buch der Lieder

Junge Leiden

Die Grenadiere

Nach Frankreich zogen zwei Grenadier',
Die waren in Rußland gefangen.
Und als sie kamen in's deutsche Quartier,
Sie ließen die Köpfe hangen.

Da hörten sie beide die traurige Mär':
Daß Frankreich verloren gegangen,
Besiegt und zerschlagen das große Heer, –
Und der Kaiser, der Kaiser gefangen.

Da weinten zusammen die Grenadier'
Wohl ob der kläglichen Kunde.
Der eine sprach: Wie weh wird mir,
Wie brennt meine alte Wunde!

Der andre sprach: Das Lied ist aus,
Auch ich möcht' mit dir sterben,
Doch hab' ich Weib und Kind zu Haus,
Die ohne mich verderben.

Was schert mich Weib, was schert mich Kind,
Ich trage weit bess'res Verlangen;
Laß sie betteln gehn, wenn sie hungrig sind, –
Mein Kaiser, mein Kaiser gefangen!

Gewähr mir Bruder eine Bitt':
Wenn ich jetzt sterben werde,
So nimm meine Leiche nach Frankreich mit,
Begrab' mich in Frankreichs Erde.

Das Ehrenkreuz am roten Band
Sollst du auf's Herz mir legen;
Die Flinte gib mir in die Hand,
Und gürt' mir um den Degen.

So will ich liegen und horchen still,
Wie eine Schildwach, im Grabe,
Bis einst ich höre Kanonengebrüll,
Und wiehernder Rosse Getrabe.

Dann reitet mein Kaiser wohl über mein Grab,
Viel Schwerter klirren und blitzen;
Dann steig' ich gewaffnet hervor aus dem Grab',–
Den Kaiser, den Kaiser zu schützen.

Belsatzar[1]

Die Mitternacht zog näher schon;
In stiller Ruh' lag Babylon.

Nur oben in des Königs Schloß,
Da flackert's, da lärmt des Königs Troß.

Dort oben in dem Königssaal,
Belsatzar hielt sein Königsmahl.

Die Knechte saßen in schimmernden Reih'n,
Und leerten die Becher mit funkelndem Wein.

Es klirrten die Becher, es jauchzten die Knecht';
So klang es dem störrigen Könige recht.

Des Königs Wangen leuchten Glut;
Im Wein erwuchs ihm kecker Mut.

Und blindlings reißt der Mut ihn fort;
Und er lästert die Gottheit mit sündigem Wort.

Und er brüstet sich frech, und lästert wild;
Die Knechtenschar ihm Beifall brüllt.

Der König rief mit stolzem Blick;
Der Diener eilt und kehrt zurück.

Er trug viel gülden Gerät auf dem Haupt;
Das war aus dem Tempel Jehovahs geraubt.

Und der König ergriff mit frevler Hand
Einen heiligen Becher, gefüllt bis am Rand'.

Und er leert ihn hastig bis auf den Grund,
Und rufet laut mit schäumendem Mund:

Jehovah! dir künd' ich auf ewig Hohn, –
Ich bin der König von Babylon!

Doch kaum das grause Wort verklang,
Dem König ward's heimlich im Busen bang.

Das gellende Lachen verstummte zumal;
Es wurde leichenstill im Saal.

Und sieh! und sieh! an weißer Wand,
Da kam's hervor wie Menschenhand;

Und schrieb, und schrieb an weißer Wand
Buchstaben von Feuer, und schrieb und schwand.

Der König stieren Blicks da saß,
Mit schlotternden Knien und totenblaß.

Die Knechtenschar saß kalt durchgraut,
Und saß gar still, gab keinen Laut.

Die Magier kamen, doch keiner verstand
Zu deuten die Flammenschrift an der Wand.

Belsatzar ward aber in selbiger Nacht
Von seinen Knechten umgebracht.

Gespräch auf der Paderborner Heide

Hörst du nicht die fernen Töne,
Wie von Brummbaß und von Geigen?
Dorten tanzt wohl manche Schöne
Den geflügelt leichten Reigen.

'Ei, mein Freund, das nenn' ich irren,
Von den Geigen hör' ich keine,
Nur die Ferklein hör' ich quirren,
Grunzen nur hör' ich die Schweine.'

Hörst du nicht das Waldhorn blasen?
Jäger sich des Waidwerks freuen,
Fromme Lämmer seh' ich grasen,
Schäfer spielen auf Schalmeien.

'Ei, mein Freund, was du vernommen,
Ist kein Waldhorn, noch Schalmeie;
Nur den Sauhirt seh' ich kommen,
Heimwärts treibt er seine Säue.'

Hörst du nicht das ferne Singen,
Wie von süßen Wettgesängen?
Englein schlagen mit den Schwingen
Lauten Beifall solchen Klängen.

'Ei, was dort so hübsch geklungen,
Ist kein Wettgesang, mein Lieber!
Singend treiben Gänsejungen
Ihre Gänselein vorüber.'

Hörst du nicht die Glocken läuten,
Wunderlieblich, wunderhelle?
Fromme Kirchengänger schreiten
Andachtsvoll zur Dorfkapelle.

'Ei, mein Freund, das sind die Schellen
Von den Ochsen, von den Kühen,

Die nach ihren dunklen Ställen
Mit gesenktem Kopfe ziehen.'

Siehst du nicht den Schleier wehen?
Siehst du nicht das leise Nicken?
Dort seh' ich die Liebste stehen,
Feuchte Wehmut in den Blicken.

'Ei! mein Freund, dort seh' ich nicken
Nur das Waldweib, nur die Liese;
Blaß und hager an den Krücken
Hinkt sie weiter nach der Wiese.'

Nun, mein Freund, so magst du lachen
Über des Phantasten Frage!
Wirst du auch zur Täuschung machen,
Was ich fest im Busen trage?

Lyrisches Intermezzo

1

Im wunderschönen Monat Mai,
Als alle Knospen sprangen,
Da ist in meinem Herzen
Die Liebe aufgegangen.

Im wunderschönen Monat Mai,
Als alle Vögel sangen,
Da hab' ich ihr gestanden
Mein Sehnen und Verlangen.

9

Auf Flügeln des Gesanges,
Herzliebchen, trag' ich dich fort,
Fort nach den Fluren des Ganges,
Dort weiß ich den schönsten Ort.

Dort liegt ein rotblühender Garten
Im stillen Mondenschein;
Die Lotosblumen erwarten
Ihr trautes Schwesterlein.

Die Veilchen kichern und kosen,
Und schau'n nach den Sternen empor;
Heimlich erzählen die Rosen
Sich duftende Märchen in's Ohr.

Es hüpfen herbei und lauschen
Die frommen, klugen Gazell'n;
Und in der Ferne rauschen
Des heiligen Stromes Well'n.

Dort wollen wir niedersinken
Unter dem Palmenbaum,
Und Liebe und Ruhe trinken,
Und träumen seligen Traum.

10

Die Lotosblume ängstigt
Sich vor der Sonne Pracht,
Und mit gesenktem Haupte
Erwartet sie träumend die Nacht.

Der Mond, der ist ihr Buhle,
Er weckt sie mit seinem Licht',
Und ihm entschleiert sie freundlich
Ihr frommes Blumengesicht.

Sie blüht und glüht und leuchtet,
Und starret stumm in die Höh';
Sie duftet und weinet und zittert
Vor Liebe und Liebesweh'.

18

Ich grolle nicht, und wenn das Herz auch bricht,
Ewig verlor'nes Lieb! ich grolle nicht.
Wie du auch strahlst in Diamantenpracht,
Es fällt kein Strahl in deines Herzens Nacht.

Das weiß ich längst. Ich sah dich ja im Traum,
Und sah die Nacht in deines Herzens Raum,
Und sah die Schlang', die dir am Herzen frißt,
Ich sah, mein Lieb, wie sehr du elend bist.

32

Mein süßes Lieb, wenn du im Grab,
Im dunkeln Grab wirst liegen,
Dann will ich steigen zu dir hinab,
Und will mich an dich schmiegen.

Ich küsse, umschlinge und presse dich wild,
Du Stille, du Kalte, du Bleiche!
Ich jauchze, ich zitt're, ich weine mild,
Ich werde selber zur Leiche.

Die Toten stehn auf, die Mitternacht ruft,
Sie tanzen im luftigen Schwarme;[2]
Wir beide bleiben in der Gruft,
Ich liege in deinem Arme.

Die Toten stehn auf, der Tag des Gerichts[3]
Ruft sie zu Qual und Vergnügen;
Wir beide bekümmern uns um nichts,
Und bleiben umschlungen liegen.

33

Ein Fichtenbaum steht einsam
Im Norden auf kahler Höh'.
Ihn schläfert; mit weißer Decke
Umhüllen ihn Eis und Schnee.

Er träumt von einer Palme,
Die, fern im Morgenland,
Einsam und schweigend trauert
Auf brennender Felsenwand.

34

(Der Kopf spricht:)
Ach, wenn ich nur der Schemel wär',
Worauf der Liebsten Füße ruhn!
Und stampfte sie mich noch so sehr,
Ich wollte doch nicht klagen tun.

(Das Herz spricht:)
Ach, wenn ich nur das Kißchen wär',
Wo sie die Nadeln steckt hinein!
Und stäche sie mich noch so sehr,
Ich wollte mich der Stiche freu'n.

(Das Lied spricht:)
Ach, wär' ich nur das Stück Papier,
Das sie als Papillote braucht!
Ich wollte heimlich flüstern ihr
In's Ohr, was in mir lebt und haucht.

37

Philister in Sonntagsröcklein
Spazieren durch Wald und Flur;
Sie jauchzen, sie hüpfen wie Böcklein,
Begrüßen die schöne Natur.

Betrachten mit blinzelnden Augen,
Wie alles romantisch blüht;
Mit langen Ohren saugen
Sie ein der Spatzen Lied.

Ich aber verhänge die Fenster
Des Zimmers mit schwarzem Tuch;
Es machen mir meine Gespenster
Sogar einen Tagesbesuch.

Die alte Liebe erscheinet,
Sie stieg aus dem Totenreich,
Sie setzt sich zu mir und weinet,
Und macht das Herz mir weich.

42

Mein Liebchen, wir saßen beisammen,
Traulich im leichten Kahn.
Die Nacht war still, und wir schwammen
Auf weiter Wasserbahn.

Die Geisterinsel, die schöne,
Lag dämm'rig im Mondenglanz;
Dort klangen liebe Töne,
Und wogte der Nebeltanz.

Dort klang es lieb und lieber,
Und wogt' es hin und her;
Wir aber schwammen vorüber,
Trostlos auf weitem Meer.

50

Sie saßen und tranken am Teetisch,
Und sprachen von Liebe viel.
Die Herren, die waren ästhetisch,
Die Damen von zartem Gefühl.

Die Liebe muß sein platonisch,
Der dürre Hofrat sprach.
Die Hofrätin lächelt ironisch,
Und dennoch seufzet sie: Ach!

Der Domherr öffnet den Mund weit:
Die Liebe sei nicht zu roh,
Sie schadet sonst der Gesundheit.
Das Fräulein lispelt: wie so?

Die Gräfin spricht wehmütig:
Die Liebe ist eine Passion!
Und präsentieret gütig
Die Tasse dem Herrn Baron.

Am Tische war noch ein Plätzchen;
Mein Liebchen, da hast du gefehlt.
Du hättest so hübsch, mein Schätzchen,
Von deiner Liebe erzählt.

55

Ich hab' im Traum' geweinet,
Mir träumte du lägest im Grab'.
Ich wachte auf und die Träne
Floß noch von der Wange herab.

Ich hab' im Traum' geweinet,
Mir träumt' du verließest mich.
Ich wachte auf, und ich weinte
Noch lange bitterlich.

Ich hab' im Traum' geweinet,
Mir träumte du bliebest mir gut.
Ich wachte auf, und noch immer
Strömt meine Tränenflut.

62

Am Kreuzweg wird begraben,
Wer selber sich brachte um;
Dort wächst eine blaue Blume,
Die Armesünderblum'.

Am Kreuzweg stand ich und seufzte;
Die Nacht war kalt und stumm.
Im Mondschein bewegte sich langsam
Die Armesünderblum'.

Die Heimkehr

2

Ich weiß nicht, was soll es bedeuten,
Daß ich so traurig bin;
Ein Märchen aus alten Zeiten,[4]
Das kommt mir nicht aus dem Sinn.

Die Luft ist kühl und es dunkelt,
Und ruhig fließt der Rhein;
Der Gipfel des Berges funkelt
Im Abendsonnenschein.

Die schönste Jungfrau sitzet
Dort oben wunderbar,
Ihr goldnes Geschmeide blitzet,
Sie kämmt ihr goldenes Haar.

Sie kämmt es mit goldenem Kamme,
Und singt ein Lied dabei;
Das hat eine wundersame,
Gewaltige Melodei.

Den Schiffer im kleinen Schiffe
Ergreift es mit wildem Weh;

Er schaut nicht die Felsenriffe,
Er schaut nur hinauf in die Höh'.

Ich glaube, die Wellen verschlingen
Am Ende Schiffer und Kahn;
Und das hat mit ihrem Singen
Die Lore–Ley getan.

3

Mein Herz, mein Herz ist traurig,
Doch lustig leuchtet der Mai;
Ich stehe, gelehnt an der Linde,
Hoch auf der alten Bastei.

Da drunten fließt der blaue
Stadtgraben in stiller Ruh';
Ein Knabe fährt im Kahne,
Und angelt und pfeift dazu.

Jenseits erheben sich freundlich,
In winziger, bunter Gestalt,
Lusthäuser, und Gärten, und Menschen,
Und Ochsen, und Wiesen, und Wald.

Die Mägde bleichen Wäsche,
Und springen im Gras' herum:
Das Mühlrad stäubt Diamanten,
Ich höre sein fernes Gesumm'.

Am alten grauen Turme
Ein Schilderhäuschen steht;
Ein rotgeröckter Bursche
Dort auf und nieder geht.

Er spielt mit seiner Flinte,
Die funkelt im Sonnenrot,
Er präsentiert und schultert –
Ich wollt', er schösse mich tot.

6

Als ich, auf der Reise, zufällig
Der Liebsten Familie fand,
Schwesterchen, Vater und Mutter,
Sie haben mich freudig erkannt.

Sie fragten nach meinem Befinden,
Und sagten selber sogleich:
Ich hätte mich gar nicht verändert,
Nur mein Gesicht sei bleich.

Ich fragte nach Muhmen und Basen,
Nach manchem langweil'gen Gesell'n,
Und nach dem kleinen Hündchen,
Mit seinem sanften Bell'n.

Auch nach der vermählten Geliebten
Fragte ich nebenbei;
Und freundlich gab man zur Antwort,
Daß sie in den Wochen sei.

Und freundlich gratuliert' ich,
Und lispelte liebevoll:
Daß man sie von mir recht herzlich
Viel tausendmal grüßen soll.

Schwesterchen rief dazwischen:
Das Hündchen, sanft und klein,
Ist groß und toll geworden,
Und ward ertränkt, im Rhein.

Die Kleine gleicht der Geliebten,
Besonders wenn sie lacht;
Sie hat dieselben Augen,
Die mich so elend gemacht.

7

Wir saßen am Fischerhause,
Und schauten nach der See;
Die Abendnebel kamen,
Und stiegen in die Höh'.

Im Leuchtturm wurden die Lichter
Allmählich angesteckt,
Und in der weiten Ferne
Ward noch ein Schiff entdeckt.

Wir sprachen von Sturm und Schiffbruch,
Vom Seemann, und wie er lebt,
Und zwischen Himmel und Wasser,
Und Angst und Freude schwebt.

Wir sprachen von fernen Küsten,
Vom Süden und vom Nord,
Und von den seltsamen Völkern
Und seltsamen Sitten dort.

Am Ganges duftet's und leuchtet's,
Und Riesenbäume blüh'n,
Und schöne, stille Menschen
Vor Lotosblumen knie'n.

In Lappland sind schmutzige Leute,
Plattköpfig, breitmäulig und klein;
Sie kauern um's Feuer, und backen
Sich Fische, und quäken und schrei'n.

Die Mädchen horchten ernsthaft,
Und endlich sprach niemand mehr;
Das Schiff war nicht mehr sichtbar,
Es dunkelte gar zu sehr.

20

Still ist die Nacht, es ruhen die Gassen,
In diesem Hause wohnte mein Schatz;
Sie hat schon längst die Stadt verlassen,
Doch steht noch das Haus auf demselben Platz.

Da steht auch ein Mensch und starrt in die Höhe,
Und ringt die Hände, vor Schmerzensgewalt;
Mir graust es, wenn ich sein Antlitz sehe, –
Der Mond zeigt mir meine eigne Gestalt.

Du Doppeltgänger! du bleicher Geselle!
Was äffst du nach mein Liebesleid,
Das mich gequält auf dieser Stelle,
So manche Nacht, in alter Zeit?

44

Nun ist es Zeit, daß ich mit Verstand
Mich aller Torheit entled'ge;
Ich hab' so lang als ein Komödiant
Mit dir gespielt die Komödie.

Die prächt'gen Kulissen, sie waren bemalt
Im hochromantischen Stile,
Mein Rittermantel hat goldig gestrahlt,
Ich fühlte die feinsten Gefühle.

Und nun ich mich gar säuberlich
Des tollen Tands entled'ge,
Noch immer elend fühl' ich mich,
Als spielt' ich noch immer Komödie.

Ach Gott! im Scherz und unbewußt
Sprach ich was ich gefühlet;
Ich hab' mit dem Tod in der eignen Brust
Den sterbenden Fechter gespielet.

47

Du bist wie eine Blume,
So hold und schön und rein;
Ich schau' dich an, und Wehmut
Schleicht mir in's Herz hinein.

Mir ist, als ob ich die Hände
Auf's Haupt dir legen sollt',
Betend, daß Gott dich erhalte
So rein und schön und hold.

63

Wer zum erstenmale liebt,
Sei's auch glücklos, ist ein Gott;
Aber wer zum zweitenmale
Glücklos liebt, der ist ein Narr.

Ich, ein solcher Narr, ich liebe
Wieder ohne Gegenliebe!
Sonne, Mond und Sterne lachen,
Und ich lache mit – und sterbe.

Die Nordsee

Seegespenst

Ich aber lag am Rande des Schiffes,
Und schaute, träumenden Auges,
Hinab in das spiegelklare Wasser,
Und schaute tiefer und tiefer –
Bis tief im Meeresgrunde,
Anfangs wie dämmernde Nebel,
Jedoch allmählich farbenbestimmter,
Kirchenkuppel und Türme sich zeigten,

Und endlich, sonnenklar, eine ganze Stadt,
Altertümlich niederländisch,
Und menschenbelebt.
Bedächtige Männer, schwarzbemäntelt,
Mit weißen Halskrausen und Ehrenketten,
Und langen Degen und langen Gesichtern,
Schreiten über den wimmelnden Marktplatz
Nach dem treppenhohen Rathaus',
Wo steinerne Kaiserbilder
Wacht halten mit Zepter und Schwert.
Unferne, vor langen Häuser-Reih'n,
Wo spiegelblanke Fenster
Und pyramidisch beschnittene Linden,
Wandeln seidenrauschende Jungfern,
Schlanke Leibchen, die Blumengesichter
Sittsam umschlossen von schwarzen Mützchen
Und hervorquellendem Goldhaar.
Bunte Gesellen, in spanischer Tracht,
Stolzieren vorüber und nicken.
Bejahrte Frauen,
In braunen, verschollnen Gewändern,
Gesangbuch und Rosenkranz in der Hand,
Eilen, trippelnden Schritts,
Nach dem großen Dome,
Getrieben von Glockengeläute
Und rauschendem Orgelton.

Mich selbst ergreift des fernen Klangs
Geheimnisvoller Schauer!
Unendliches Sehnen, tiefe Wehmut
Beschleicht mein Herz,
Mein kaum geheiltes Herz; –
Mir ist als würden seine Wunden
Von lieben Lippen aufgeküßt,
Und täten wieder bluten, –
Heiße, rote Tropfen,
Die lang und langsam niederfall'n
Auf ein altes Haus, dort unten
In der tiefen Meerstadt,
Auf ein altes, hochgegiebeltes Haus,
Das melancholisch menschenleer ist,

Nur daß am untern Fenster
Ein Mädchen sitzt,
Den Kopf auf den Arm gestützt,
Wie ein armes, vergessenes Kind –
Und ich kenne dich, armes, vergessenes Kind!

So tief, meertief also
Verstecktest du dich vor mir,
Aus kindischer Laune,
Und konntest nicht mehr herauf,
Und saßest fremd unter fremden Leuten,
Jahrhundertelang,
Derweilen ich, die Seele voll Gram,
Auf der ganzen Erde dich suchte,
Und immer dich suchte,
Du Immergeliebte,
Du Längstverlorene,
Du Endlichgefundene, –
Ich hab' dich gefunden und schaue wieder
Dein süßes Gesicht,
Die klugen, treuen Augen,
Das liebe Lächeln –
Und nimmer will ich dich wieder verlassen,
Und ich komme hinab zu dir,
Und mit ausgebreiteten Armen
Stürz' ich hinab an dein Herz –

Aber zur rechten Zeit noch
Ergriff mich beim Fuß der Kapitän,
Und zog mich vom Schiffsrand,
Und rief, ärgerlich lachend:
Doktor, sind Sie des Teufels?

Fragen

Am Meer, am wüsten, nächtlichen Meer
Steht ein Jüngling-Mann,
Die Brust voll Wehmut, das Haupt voll Zweifel,
Und mit düstern Lippen fragt er die Wogen:

'O lös't mir das Rätsel des Lebens,
Das qualvoll uralte Rätsel,
Worüber schon manche Häupter gegrübelt,
Häupter in Hieroglyphenmützen,
Häupter in Turban und schwarzem Barett,
Perückenhäupter[5] und tausend andre
Arme, schwitzende Menschenhäupter –
Sagt mir, was bedeutet der Mensch?
Woher ist er kommen? Wo geht er hin?
Wer wohnt dort oben auf goldenen Sternen?'

Es murmeln die Wogen ihr ew'ges Gemurmel,
Es wehet der Wind, es fliehen die Wolken,
Es blinken die Sterne gleichgültig und kalt,
Und ein Narr wartet auf Antwort.

Neue Gedichte

Neuer Frühling

6

Leise zieht durch mein Gemüt
Liebliches Geläute.
Klinge, kleines Frühlingslied,
Kling hinaus ins Weite.

Kling hinaus, bis an das Haus,
Wo die Blumen sprießen.
Wenn du eine Rose schaust,
Sag, ich lass' sie grüßen.

10

Es hat die warme Frühlingsnacht
Die Blumen hervorgetrieben,
Und nimmt mein Herz sich nicht in acht,
So wird es sich wieder verlieben.

Doch welche von den Blumen all'n
Wird mir das Herz umgarnen?
Es wollen die singenden Nachtigall'n
Mich vor der Lilie warnen.

20

Die Rose duftet – doch ob sie empfindet
Das was sie duftet, ob die Nachtigall

44

Selbst fühlt, was sich durch unsre Seele windet,
Bei ihres Liedes süßem Widerhall; –

Ich weiß es nicht. Doch macht uns gar verdrießlich
Die Wahrheit oft! Und Ros' und Nachtigall,
Erlögen sie auch das Gefühl, ersprießlich
Wär' solche Lüge, wie in manchem Fall –

Verschiedene. Seraphine

6

Sie floh vor mir wie'n Reh so scheu,
Und wie ein Reh geschwinde!
Sie kletterte von Klipp' zu Klipp',
Ihr Haar das flog im Winde.

Wo sich zum Meer der Felsen senkt,
Da hab' ich sie erreichet,
Da hab' ich sanft mit sanftem Wort
Ihr sprödes Herz erweichet.

Hier saßen wir so himmelhoch,
Und auch so himmelselig;
Tief unter uns, ins dunkle Meer,
Die Sonne sank allmählich.

Tief unter uns, ins dunkle Meer,
Versank die schöne Sonne;
Die Wogen rauschten drüber hin,
Mit ungestümer Wonne.

O weine nicht, die Sonne liegt
Nicht tot in jenen Fluten;
Sie hat sich in mein Herz versteckt
Mit allen ihren Gluten.

7

Auf diesem Felsen[6] bauen wir
Die Kirche von dem dritten,
Dem dritten neuen Testament;
Das Leid ist ausgelitten.

Vernichtet ist das Zweierlei,
Das uns so lang betöret;
Die dumme Leiberquälerei
Hat endlich aufgehöret.

Hörst du den Gott im finstern Meer?
Mit tausend Stimmen spricht er.
Und siehst du über unserm Haupt
Die tausend Gotteslichter?

Der heil'ge Gott der ist im Licht
Wie in den Finsternissen;
Und Gott ist alles was da ist;
Er ist in unsern Küssen.

Verschiedene. Angelique

9

Dieser Liebe toller Fasching,[7]
Dieser Taumel unsrer Herzen,
Geht zu Ende, und erleichtert
Gähnen wir einander an!

Ausgetrunken ist der Kelch,
Der mit Sinnenrausch gefüllt war,
Schäumend, lodernd, bis am Rande;
Ausgetrunken ist der Kelch.

Es verstummen auch die Geigen,
Die zum Tanze mächtig spielten,

Zu dem Tanz der Leidenschaft;
Auch die Geigen, die verstummen.

Es erlöschen auch die Lampen,
Die das wilde Licht ergossen
Auf den bunten Mummenschanz;
Auch die Lampen, sie erlöschen.

Morgen kommt der Aschenmittwoch,
Und ich zeichne deine Stirne
Mit dem Aschenkreuz und spreche:
'Weib, bedenke, daß du Staub bist.'[8]

Romanzen

Ein Weib

Sie hatten sich beide so herzlich lieb,
Spitzbübin war sie, er war ein Dieb.
Wenn er Schelmenstreiche machte,
Sie warf sich aufs Bett und lachte.

Der Tag verging in Freud' und Lust,
Des Nachts lag sie an seiner Brust.
Als man ins Gefängnis ihn brachte,
Sie stand am Fenster und lachte.

Er ließ ihr sagen: 'O komm zu mir,
Ich sehne mich so sehr nach dir,
Ich rufe nach dir, ich schmachte' –
Sie schüttelt' das Haupt und lachte.

Um Sechse des Morgens ward er gehenkt,
Um Sieben ward er ins Grab gesenkt;
Sie aber schon um Achte
Trank roten Wein und lachte.

Anno 1829

Daß ich bequem verbluten kann,
Gebt mir ein edles, weites Feld!
O, laßt mich nicht ersticken hier
In dieser engen Krämerwelt.

Sie essen gut, sie trinken gut,
Erfreun sich ihres Maulwurfglücks,
Und ihre Großmut ist so groß
Als wie das Loch des Armenbüchs.

Zigarren tragen sie im Maul
Und in der Hosentasch' die Händ';
Auch die Verdauungskraft ist gut, –
Wer sie nur selbst verdauen könnt'!

Sie handeln mit der Spezerei'n
Der ganzen Welt, doch in der Luft,
Trotz allen Würzen, riecht man stets
Den faulen Schellfischseelenduft.

O, daß ich große Laster säh',
Verbrechen, blutig, kolossal, –
Nur diese satte Tugend nicht,
Und zahlungsfähige Moral!

Ihr Wolken droben, nehmt mich mit,
Gleichviel nach welchem fernen Ort!
Nach Lappland oder Afrika,
Und sei's nach Pommern[9] – fort! nur fort!

O, nehmt mich mit – Sie hören nicht,
Die Wolken droben sind so klug!
Vorüberreisend dieser Stadt
Ängstlich beschleun'gen sie den Flug.

Anno 1839

O, Deutschland, meine ferne Liebe,
Gedenk' ich deiner, wein' ich fast!
Das muntre Frankreich scheint mir trübe,
Das leichte Volk wird mir zur Last.

Nur der Verstand, so kalt und trocken,
Herrscht in dem witzigen Paris –
O, Narrheitsglöcklein, Glaubensglocken,
Wie klingelt ihr daheim so süß!

Höfliche Männer! Doch verdrossen
Geb' ich den art'gen Gruß zurück. –
Die Grobheit, die ich einst genossen
Im Vaterland, das war mein Glück!

Lächelnde Weiber! Plappern immer,
Wie Mühlenräder stets bewegt!
Da lob' ich Deutschlands Frauenzimmer,
Das schweigend sich zu Bette legt.

Und alles dreht sich hier im Kreise,
Mit Ungestüm, wie 'n toller Traum!
Bei uns bleibt alles hübsch im Gleise,
Wie angenagelt, rührt sich kaum.

Mir ist als hört' ich fern erklingen
Nachtwächterhörner, sanft und traut;
Nachtwächterlieder hör' ich singen,
Dazwischen Nachtigallenlaut.

Dem Dichter war so wohl daheime,
In Schildas teurem Eichenhain![10]
Dort wob ich meine zarten Reime
Aus Veilchenduft und Mondenschein.

Zeitgedichte

Doktrin

Schlage die Trommel und fürchte dich nicht,
Und küsse die Marketenderin!
Das ist die ganze Wissenschaft,
Das ist der Bücher tiefster Sinn.

Trommle die Leute aus dem Schlaf,
Trommle Reveille mit Jugendkraft,
Marschiere trommelnd immer voran,
Das ist die ganze Wissenschaft.

Das ist die Hegelsche Philosophie,
Das ist der Bücher tiefster Sinn!
Ich hab' sie begriffen, weil ich gescheit,
Und weil ich ein guter Tambour bin.

Adam der Erste

Du schicktest mit dem Flammenschwert
Den himmlischen Gendarmen,
Und jagtest mich aus dem Paradies,
Ganz ohne Recht und Erbarmen!

Ich ziehe fort mit meiner Frau
Nach andren Erdenländern;
Doch daß ich genossen des Wissens Frucht,
Das kannst du nicht mehr ändern.

Du kannst nicht ändern, daß ich weiß
Wie sehr du klein und nichtig,
Und machst du dich auch noch so sehr
Durch Tod und Donnern wichtig.

O Gott! wie erbärmlich ist doch dies
Consilium abeundi![11]

50

Das nenne ich einen Magnifikus
Der Welt, ein Lumen Mundi!

Vermissen werde ich nimmermehr
Die paradiesischen Räume;
Das war kein wahres Paradies –
Es gab dort verbotene Bäume.

Ich will mein volles Freiheitsrecht!
Find' ich die g'ringste Beschränknis,
Verwandelt sich mir das Paradies
In Hölle und Gefängnis.

Lebensfahrt

Ein Lachen und Singen! Es blitzen und gaukeln
Die Sonnenlichter. Die Wellen schaukeln
Den lustigen Kahn. Ich saß darin
Mit lieben Freunden und leichtem Sinn.

Der Kahn zerbrach in eitel Trümmer,
Die Freunde waren schlechte Schwimmer,
Sie gingen unter, im Vaterland;
Mich warf der Sturm an den Seinestrand.

Ich hab' ein neues Schiff bestiegen,
Mit neuen Genossen; es wogen und wiegen
Die fremden Fluten mich hin und her –
Wie fern die Heimat! mein Herz wie schwer!

Und das ist wieder ein Singen und Lachen –
Es pfeift der Wind, die Planken krachen –
Am Himmel erlischt der letzte Stern –
Wie schwer mein Herz! die Heimat wie fern!

Das Kind

Den Frommen schenkt's der Herr im Traum,
Weißt nicht wir dir geschah!

Du kriegst ein Kind und merkst es kaum,
Jungfrau Germania.

Es windet sich ein Bübelein
Von deiner Nabelschnur,
Es wird ein hübscher Schütze sein,
Als wie der Gott Amur.[12]

Trifft einst in höchster Luft den Aar,[13]
Und flög' er noch so stolz,
Den doppelköpfigen sogar
Erreicht sein guter Bolz.

Doch nicht wie jener blinde Heid',
Nicht wie der Liebesgott,
Soll er sich ohne Hos' und Kleid
Zeigen als Sanscülott.[14]

Bei uns zu Land die Witterung,
Moral und Polizei
Gebieten streng, daß Alt und Jung
Leiblich bekleidet sei.

Die schlesischen Weber

Im düstern Auge keine Träne,
Sie sitzen am Webstuhl und fletschen die Zähne:
'Deutschland, wir weben dein Leichentuch,
Wir weben hinein den dreifachen Fluch –
    Wir weben, wir weben!

'Ein Fluch dem Gotte, zu dem wir gebeten
In Winterskälte und Hungersnöten;
Wir haben vergebens gehofft und geharrt,
Er hat uns geäfft und gefoppt und genarrt –
    Wir weben, wir weben!

'Ein Fluch dem König, dem König der Reichen,
Den unser Elend nicht konnte erweichen,
Der den letzten Groschen von uns erpreßt,

Und uns wie Hunde erschießen läßt –
   Wir weben, wir weben!

'Ein Fluch dem falschen Vaterlande,
Wo nur gedeihen Schmach und Schande,
Wo jede Blume früh geknickt,
Wo Fäulnis und Moder den Wurm erquickt –
   Wir weben, wir weben!

'Das Schiffchen fliegt, der Webstuhl kracht,
Wir weben emsig Tag und Nacht –
Altdeutschland, wir weben dein Leichentuch,
Wir weben hinein den dreifachen Fluch,
   Wir weben, wir weben!'

Romanzero

I. *Historien*

Rhampsenit[15]

Als der König Rhampsenit
Eintrat in die goldne Halle
Seiner Tochter, lachte diese,
Lachten ihre Zofen alle.

Auch die Schwarzen, die Eunuchen,
Stimmten lachend ein, es lachten
Selbst die Mumien, selbst die Sphinxe,
Daß sie schier zu bersten dachten.

Die Prinzessin sprach: Ich glaubte
Schon den Schatzdieb zu erfassen,
Der hat aber einen toten
Arm in meiner Hand gelassen.

Jetzt begreif' ich, wie der Schatzdieb
Dringt in deine Schatzhauskammern,
Und die Schätze dir entwendet,
Trotz den Schlössern, Riegeln, Klammern.

Einen Zauberschlüssel hat er,
Der erschließet allerorten
Jede Türe, widerstehen
Können nicht die stärksten Pforten.

Ich bin keine starke Pforte,
Und ich hab' nicht widerstanden,

Schätzehütend diese Nacht
Kam ein Schätzlein mir abhanden.

So sprach lachend die Prinzessin
Und sie tänzelt im Gemache,
Und die Zofen und Eunuchen
Hoben wieder ihre Lache.

An demselben Tag ganz Memphis
Lachte, selbst die Krokodile
Reckten lachend ihre Häupter
Aus dem schlammig gelben Nile,

Als sie Trommelschlag vernahmen
Und sie hörten an dem Ufer
Folgendes Reskript verlesen
Von dem Kanzelei-Ausrufer:

Rhampsenit zu Gottes Gnaden,
König zu und in Ägypten,
Wir entbieten Gruß und Freundschaft
Unsern Vielgetreu'n und Liebden.

In der Nacht vom dritten zu dem
Vierten Junius des Jahres
Dreizehnhundertvierundzwanzig
Vor Christi Geburt, da war es,

Daß ein Dieb aus unserm Schatzhaus
Eine Menge von Juwelen
Hat entwendet; es gelang ihm
Uns auch später zu bestehlen.

Zur Ermittelung des Täters
Ließen schlafen wir die Tochter
Bei den Schätzen – doch auch jene
Zu bestehlen schlau vermocht' er.

Um zu steuern solchem Diebstahl
Und zu gleicher Zeit dem Diebe
Unsre Sympathie zu zeigen,
Unsre Ehrfurcht, unsre Liebe,

Wollen wir ihm zur Gemahlin
Unsre einz'ge Tochter geben,
Und ihn auch als Thronnachfolger
In den Fürstenstand erheben.

Sintemal uns die Adresse
Unsres Eidams noch zur Stunde
Unbekannt, soll dies Reskript ihm
Bringen Unsrer Gnade Kunde.

So geschehn den dritten Jenner
Dreizehnhundertzwanzigsechs
Vor Christi Geburt. – Signieret
Von Uns: Rhampsenitus Rex.

Rhampsenit hat Wort gehalten,
Nahm den Dieb zum Schwiegersohne,
Und nach seinem Tode erbte
Auch der Dieb Ägyptens Krone.

Er regierte wie die andern,
Schützte Handel und Talente;
Wenig, heißt es, ward gestohlen
Unter seinem Regimente.

Walküren[16]

Unten Schlacht. Doch oben schossen
Durch die Luft auf Wolkenrossen
Drei Walküren, und es klang
Schilderklirrend ihr Gesang:

Fürsten hadern, Völker streiten,
Jeder will die Macht erbeuten;
Herrschaft ist das höchste Gut,
Höchste Tugend ist der Mut.

Heisa! vor dem Tod beschützen
Keine stolzen Eisenmützen,
Und das Heldenblut zerrinnt
Und der schlechte Mann gewinnt.

Lorbeerkränze, Siegesbogen!
Morgen kommt er eingezogen,
Der den Bessern überwand
Und gewonnen Leut' und Land.

Bürgermeister und Senator
Holen ein den Triumphator,
Tragen ihm die Schlüssel vor,
Und der Zug geht durch das Tor.

Hei! da bollert's von den Wällen,
Zinken und Trompeten gellen,
Glockenklang erfüllt die Luft,
Und der Pöbel 'Vivat!' ruft.

Lächelnd stehen auf Balkonen
Schöne Fraun, und Blumenkronen
Werfen sie dem Sieger zu.
Dieser grüßt mit stolzer Ruh'.

Schlachtfeld bei Hastings[17]

Der Abt von Waltham seufzte tief,
Als er die Kunde vernommen,
Daß König Harold elendiglich
Bei Hastings umgekommen.

Zwei Mönche, Asgod und Ailrik genannt,
Die schickt' er aus als Boten,
Sie sollten suchen die Leiche Harolds
Bei Hastings unter den Toten.

Die Mönche gingen traurig fort
Und kehrten traurig zurücke:
'Hochwürdiger Vater, die Welt ist uns gram,
Wir sind verlassen vom Glücke.

'Gefallen ist der bessre Mann,
Es siegte der Bankert, der schlechte,
Gewappnete Diebe verteilen das Land
Und machen den Freiling zum Knechte.

'Der lausigste Lump aus der Normandie
Wird Lord auf der Insel der Britten;
Ich sah einen Schneider aus Bayeux, er kam
Mit goldnen Sporen geritten.

'Weh' dem, der jetzt ein Sachse ist!
Ihr Sachsenheilige droben
Im Himmelreich, nehmt euch in acht,
Ihr seid der Schmach nicht enthoben.

'Jetzt wissen wir, was bedeutet hat
Der große Komet, der heuer
Blutrot am nächtlichen Himmel ritt
Auf einem Besen von Feuer.

'Bei Hastings in Erfüllung ging
Des Unsterns böse Zeichen,
Wir waren auf dem Schlachtfeld dort
Und suchten unter den Leichen.

'Wir suchten hin, wir suchten her,
Bis alle Hoffnung verschwunden –
Den Leichnam des toten Königs Harold,
Wir haben ihn nicht gefunden.'

Asgod und Ailrik sprachen also;
Der Abt rang jammernd die Hände,
Versank in tiefe Nachdenklichkeit
Und sprach mit Seufzen am Ende:

'Zu Grendelfield am Bardenstein,
Just in des Waldes Mitte,
Da wohnet Edith Schwanenhals
In einer dürft'gen Hütte.

'Man hieß sie Edith Schwanenhals,
Weil wie der Hals der Schwäne
Ihr Nacken war; der König Harold,
Er liebte die junge Schöne.

'Er hat sie geliebt, geküßt und geherzt,
Und endlich verlassen, vergessen.

Die Zeit verfließt; wohl sechzehn Jahr'
Verflossen unterdessen.

'Begebt euch, Brüder, zu diesem Weib
Und laßt sie mit euch gehen
Zurück nach Hastings, der Blick des Weibs
Wird dort den König erspähen.

'Nach Waltham-Abtei hierher alsdann
Sollt ihr die Leiche bringen,
Damit wir christlich bestatten den Leib
Und für die Seele singen.'

Um Mitternacht gelangten schon
Die Boten zur Hütte im Walde:
'Erwache, Edith Schwanenhals,
Und folge uns alsbalde.

'Der Herzog der Normannen hat
Den Sieg davongetragen,
Und auf dem Feld bei Hastings liegt
Der König Harold erschlagen.

'Komm mit nach Hastings, wir suchen dort
Den Leichnam unter den Toten,
Und bringen ihn nach Waltham-Abtei,
Wie uns der Abt geboten.'

Kein Wort sprach Edith Schwanenhals,
Sie schürzte sich geschwinde
Und folgte den Mönchen; ihr greisendes Haar,
Das flatterte wild im Winde.

Es folgte barfuß das arme Weib
Durch Sümpfe und Baumgestrüppe.
Bei Tagesanbruch gewahrten sie schon
Zu Hastings die kreidige Klippe.

Der Nebel, der das Schlachtfeld bedeckt
Als wie ein weißes Leilich,
Zerfloß allmählich; es flatterten auf
Die Dohlen und krächzten abscheulich.

Viel tausend Leichen lagen dort
Erbärmlich auf blutiger Erde,
Nackt ausgeplündert, verstümmelt, zerfleischt,
Daneben die Äser der Pferde.

Es watete Edith Schwanenhals
Im Blute mit nackten Füßen;
Wie Pfeile aus ihrem stieren Aug'
Die forschenden Blicke schießen.

Sie suchte hin, sie suchte her,
Oft mußte sie mühsam verscheuchen
Die fraßbegierige Rabenschar;
Die Mönche hinter ihr keuchen.

Sie suchte schon den ganzen Tag,
Es ward schon Abend – plötzlich
Bricht aus der Brust des armen Weibs
Ein geller Schrei, entsetzlich.

Gefunden hat Edith Schwanenhals
Des toten Königs Leiche.
Sie sprach kein Wort, sie weinte nicht,
Sie küßte das Antlitz, das bleiche.

Sie küßte die Stirne, sie küßte den Mund,
Sie hielt ihn fest umschlossen;
Sie küßte auf des Königs Brust
Die Wunde blutumflossen.

Auf seiner Schulter erblickte sie auch –
Und sie bedeckt sie mit Küssen –
Drei kleine Narben, Denkmäler der Lust,
Die sie einst hinein gebissen.

Die Mönche konnten mittlerweil'
Baumstämme zusammenfugen;
Das war die Bahre, worauf sie alsdann
Den toten König trugen.

Sie trugen ihn nach Waltham-Abtei,
Daß man ihn dort begrübe;

Es folgte Edith Schwanenhals
Der Leiche ihrer Liebe.

Sie sang die Totenlitanein
In kindisch frommer Weise;
Das klang so schauerlich in der Nacht –
Die Mönche beteten leise.

Karl I.[18]

Im Wald, in der Köhlerhütte sitzt
Trübsinnig allein der König;
Er sitzt an der Wiege des Köhlerkinds
Und wiegt und singt eintönig:

Eiapopeia, was raschelt im Stroh?
Es blöken im Stalle die Schafe –
Du trägst das Zeichen an der Stirn
Und lächelst so furchtbar im Schlafe.

Eiapopeia, das Kätzchen ist tot –
Du trägst auf der Stirne das Zeichen –
Du wirst ein Mann und schwingst das Beil,
Schon zittern im Walde die Eichen.

Der alte Köhlerglaube[19] verschwand,
Es glauben die Köhlerkinder –
Eiapopeia – nicht mehr an Gott
Und an den König noch minder.

Das Kätzchen ist tot, die Mäuschen sind froh –
Wir müssen zu schanden werden –
Eiapopeia – im Himmel der Gott
Und ich, der König auf Erden.

Mein Mut erlischt, mein Herz ist krank,
Und täglich wird es kränker –
Eiapopeia – du Köhlerkind
Ich weiß es, du bist mein Henker.

Mein Todesgesang ist dein Wiegenlied –
Eiapopeia – die greisen
Haarlocken schneidest du ab zuvor –
Im Nacken klirrt mir das Eisen.

Eiapopeia, was raschelt im Stroh –
Du hast das Reich erworben,
Und schlägst mir das Haupt vom Rumpf herab –
Das Kätzchen ist gestorben.

Eiapopeia, was raschelt im Stroh?
Es blöken im Stalle die Schafe.
Das Kätzchen ist tot, die Mäuschen sind froh –
Schlafe, mein Henkerchen, schlafe!

Der Apollogott

1

Das Kloster ist hoch auf Felsen gebaut,
Der Rhein vorüberrauschet;
Wohl durch das Gitterfenster schaut
Die junge Nonne und lauschet.

Da fährt ein Schifflein, märchenhaft
Vom Abendrot beglänzet;
Es ist bewimpelt von buntem Taft,
Von Lorbeern und Blumen bekränzet.

Ein schöner blondgelockter Fant
Steht in des Schiffes Mitte;
Sein goldgesticktes Purpurgewand
Ist von antikem Schnitte.

Zu seinen Füßen liegen da
Neun marmorschöne Weiber;
Die hochgeschürzte Tunika
Umschließt die schlanken Leiber.

Der Goldgelockte lieblich singt
Und spielt dazu die Leier;

Ins Herz der armen Nonne dringt
Das Lied und brennt wie Feuer.

Sie schlägt ein Kreuz, und noch einmal
Schlägt sie ein Kreuz, die Nonne;
Nicht scheucht das Kreuz die süße Qual,
Nicht bannt es die bittre Wonne.

2

Ich bin der Gott der Musika,
Verehrt in allen Landen;
Mein Tempel hat in Gräcia
Auf Mont-Parnaß[20] gestanden.

Auf Mont-Parnaß in Gräcia,
Da hab' ich oft gesessen
Am holden Quell Kastalia,
Im Schatten der Zypressen.

Vokalisierend saßen da
Um mich herum die Töchter,
Das sang und klang la-la, la-la!
Geplauder und Gelächter.

Mitunter rief tra-ra, tra-ra!
Ein Waldhorn aus dem Holze;
Dort jagte Artemisia,[21]
Mein Schwesterlein, die Stolze.

Ich weiß es nicht, wie mir geschah:
Ich brauchte nur zu nippen
Vom Wasser der Kastalia,
Da tönten meine Lippen.

Ich sang – und wie von selbst beinah'
Die Leier klang, berauschend;
Mir war, als ob ich Daphne[22] sah,
Aus Lorbeerbüschen lauschend.

Ich sang – und wie Ambrosia
Wohlrüche sich ergossen,

Es war von einer Gloria
Die ganze Welt umflossen.

Wohl tausend Jahr aus Gräcia
Bin ich verbannt, vertrieben –
Doch ist mein Herz in Gräcia,
In Gräcia geblieben.

3

In der Tracht der Beguinen,[23]
In dem Mantel mit der Kappe
Von der gröbsten schwarzen Serge,
Ist vermummt die junge Nonne.

Hastig längs des Rheines Ufern
Schreitet sie hinab die Landstraß',
Die nach Holland führt, und hastig
Fragt sie jeden, der vorbeikommt:

'Habt ihr nicht gesehn Apollo?
Einen roten Mantel trägt er,
Lieblich singt er, spielt die Leier,
Und er ist mein holder Abgott.'

Keiner will ihr Rede stehen,
Mancher dreht ihr stumm den Rücken,
Mancher glotzt sie an und lächelt,
Mancher seufzet: Armes Kind!

Doch des Wegs herangetrottet
Kommt ein schlottrig alter Mensch,
Fingert in der Luft, wie rechnend,
Näselnd singt er vor sich hin.

Einen schlappen Quersack trägt er,
Auch ein klein dreieckig Hütchen;
Und mit schmunzelnd klugen Äuglein
Hört er an den Spruch der Nonne:

'Habt ihr nicht gesehn Apollo?
Einen roten Mantel trägt er,

Lieblich singt er, spielt die Leier,
Und er ist mein holder Abgott.'

Jener aber gab zur Antwort,
Während er sein Köpfchen wiegte
Hin und her, und gar possierlich
Zupfte an dem spitzen Bärtchen:

Ob ich ihn gesehen habe?
Ja, ich habe ihn gesehen
Oft genug zu Amsterdam,
In der deutschen Synagoge.

Denn er war Vorsänger dorten,
Und da hieß er Rabbi Faibisch,
Was auf Hochdeutsch heißt Apollo –
Doch mein Abgott ist er nicht.

Roter Mantel? Auch den roten
Mantel kenn' ich. Echter Scharlach,
Kostet acht Florin die Elle,
Und ist noch nicht ganz bezahlt.

Seinen Vater Moses Jitscher
Kenn' ich gut. Vorhautabschneider
Ist er bei den Portugiesen,[24]
Er beschnitt auch Souveräne.[25]

Seine Mutter ist Kusine
Meines Schwagers, und sie handelt
Auf der Gracht[26] mit sauren Gurken
Und mit abgelebten Hosen.

Haben kein Pläsier am Sohne.
Dieser spielt sehr gut die Leier,
Aber leider noch viel besser
Spielt er oft Tarock und L'hombre.

Auch ein Freigeist ist er, aß
Schweinefleisch, verlor sein Amt,
Und er zog herum im Lande
Mit geschminkten Komödianten.

In den Buden, auf den Märkten,
Spielte er den Pickelhering,[27]
Holofernes,[28] König David,
Diesen mit dem besten Beifall.

Denn des Königs eigne Lieder
Sang er in des Königs eigner
Muttersprache, tremulierend
In des Nigens[29] alter Weise.

Aus dem Amsterdamer Spielhuis
Zog er jüngst etwelche Dirnen,
Und mit diesen Musen zieht er
Jetzt herum als ein Apollo.

Eine dicke ist darunter,
Die vorzüglich quiekt und grünzelt;
Ob dem großen Lorbeerkopfputz
Nennt man sie die grüne Sau.

König David

Lächelnd scheidet der Despot,
Denn er weiß, nach seinem Tod
Wechselt Willkür nur die Hände,
Und die Knechtschaft hat kein Ende.

Armes Volk! wie Pferd und Farrn
Bleibt es angeschirrt am Karrn,
Und der Nacken wird gebrochen,
Der sich nicht bequemt den Jochen.

Sterbend spricht zu Salomo
König David:[30] Apropos,
Daß ich Joab dir empfehle,
Einen meiner Generäle.

Dieser tapfre General
Ist seit Jahren mir fatal,
Doch ich wagte den Verhaßten
Niemals ernstlich anzutasten.

Du, mein Sohn, bist fromm und klug,
Gottesfürchtig, stark genug,
Und es wird dir leicht gelingen,
Jenen Joab umzubringen.

Der Asra[31]

Täglich ging die wunderschöne
Sultanstochter auf und nieder
Um die Abendzeit am Springbrunn,
Wo die weißen Wasser plätschern.

Täglich stand der junge Sklave
Um die Abendzeit am Springbrunn,
Wo die weißen Wasser plätschern;
Täglich ward er bleich und bleicher.

Eines Abends trat die Fürstin
Auf ihn zu mit raschen Worten:
Deinen Namen will ich wissen,
Deine Heimat, deine Sippschaft!

Und der Sklave sprach: ich heiße
Mohamet, ich bin aus Jemen,
Und mein Stamm sind jene Asra,
Welche sterben, wenn sie lieben.

Vitzliputzli

Präludium

Dieses ist Amerika!
Dieses ist die neue Welt!
Nicht die heutige, die schon
Europäisieret abwelkt –

Dieses ist die neue Welt,
Wie sie Christoval Kolumbus
Aus dem Ozean hervorzog.
Glänzet noch in Flutenfrische,

Träufelt noch von Wasserperlen,
Die zerstieben, farbensprühend,
Wenn sie küßt das Licht der Sonne.
Wie gesund ist diese Welt!

Ist kein Kirchhof der Romantik,
Ist kein alter Scherbenberg
Von verschimmelten Symbolen
Und versteinerten Perucken.

Aus gesundem Boden sprossen
Auch gesunde Bäume – keiner
Ist blasiert und keiner hat
In dem Rückgratmark die Schwindsucht.

Auf den Baumesästen schaukeln
Große Vögel. Ihr Gefieder
Farbenschillernd. Mit den ernsthaft
Langen Schnäbeln und mit Augen,

Brillenartig schwarz umrändert,
Schaun sie auf dich nieder, schweigsam –
Bis sie plötzlich schrillend aufschrei'n
Und wie Kaffeeschwestern schnattern.

Doch ich weiß nicht, was sie sagen,
Ob ich gleich der Vögel Sprachen
Kundig bin wie Salomo,[32]
Welcher tausend Weiber hatte,

Und die Vogelsprachen kannte,
Die modernen nicht allein,
Sondern auch die toten, alten,
Ausgestopften Dialekte.

Neuer Boden, neue Blumen!
Neue Blumen, neue Düfte!
Unerhörte, wilde Düfte,
Die mir in die Nase dringen,

Neckend, prickelnd, leidenschaftlich –
Und mein grübelnder Geruchssinn
Quält sich ab: Wo hab' ich denn
Je dergleichen schon gerochen?

War's vielleicht auf Regentstreet,[33]
In den sonnig gelben Armen
Jener schlanken Javanesin,
Die beständig Blumen kaute?

Oder war's zu Rotterdam,
Neben des Erasmi Bildsäul',[34]
In der weißen Waffelbude
Mit geheimnisvollem Vorhang?

Während ich die neue Welt
Solcher Art verdutzt betrachte,
Schein' ich selbst ihr einzuflößen
Noch viel größre Scheu – Ein Affe,

Der erschreckt ins Buschwerk forthuscht,
Schlägt ein Kreuz bei meinem Anblick,
Angstvoll rufend: 'Ein Gespenst!
Ein Gespenst der alten Welt!'

Affe! fürcht' dich nicht, ich bin
Kein Gespenst, ich bin kein Spuk;
Leben kocht in meinen Adern,
Bin des Lebens treuster Sohn.

Doch durch jahrelangen Umgang
Mit den Toten, nahm ich an
Der Verstorbenen Manieren
Und geheime Seltsamkeiten.

Meine schönsten Lebensjahre,
Die verbracht' ich im Kyffhäuser,[35]
Auch im Venusberg[36] and andern
Katakomben der Romantik.

Fürcht dich nicht vor mir, mein Affe!
Bin dir hold, denn auf dem haarlos
Ledern abgeschabten Hintern
Trägst du Farben, die ich liebe.

Teure Farben! Schwarz-rot-goldgelb![37]
Diese Affensteißkouleuren,
Sie erinnern mich mit Wehmut
An das Banner Barbarossas.

1

Auf dem Haupt trug er den Lorbeer,
Und an seinen Stiefeln glänzten
Goldne Sporen – dennoch war er
Nicht ein Held und auch kein Ritter.

Nur ein Räuberhauptmann war er,
Der ins Buch des Ruhmes einschrieb,
Mit der eignen frechen Faust,
Seinen frechen Namen: Cortez.

Unter des Kolumbus Namen
Schrieb er ihn, ja dicht darunter,
Und der Schulbub' auf der Schulbank
Lernt' auswendig beide Namen –

Nach dem Christoval Kolumbus,
Nennt er jetzt Fernando Cortez
Als den zweiten großen Mann
In dem Pantheon der Neuwelt.

Heldenschicksals letzte Tücke:
Unser Name wird verkoppelt
Mit dem Namen eines Schächers
In der Menschen Angedenken.

Wär's nicht besser, ganz verhallen
Unbekannt, als mit sich schleppen
Durch die langen Ewigkeiten
Solche Namenskameradschaft?

Messer Christoval Kolumbus
War ein Held, und sein Gemüte,
Das so lauter wie die Sonne,
War freigebig auch wie diese.

Mancher hat schon viel gegeben,
Aber jener hat der Welt
Eine ganze Welt geschenket,
Und sie heißt Amerika.

Nicht befreien konnt' er uns
Aus dem öden Erdenkerker,
Doch er wußt' ihn zu erweitern
Und die Kette zu verlängern.

Dankbar huldigt ihm die Menschheit,
Die nicht bloß Europamüde,
Sondern Afrikas und Asiens
Endlich gleichfalls müde worden —

Einer nur, ein einz'ger Held,
Gab uns mehr und gab uns Beßres
Als Kolumbus, das ist jener,
Der uns einen Gott gegeben.

Sein Herr Vater, der hieß Amram,
Seine Mutter hieß Jochebeth,
Und er selber, Moses heißt er,
Und er ist mein bester Heros.

Doch, mein Pegasus,[38] du weilest
Viel zu lang bei dem Kolumbus –
Wisse, unser heut'ger Flugritt
Gilt dem g'ringern Mann, dem Cortez.

Breite aus den bunten Fittich,
Flügelroß! und trage mich
Nach der Neuwelt schönem Lande,
Welches Mexiko geheißen.

Trage mich nach jener Burg,
Die der König Montezuma

Gastlich seinen span'schen Gästen
Angewiesen zur Behausung.

Doch nicht Obdach bloß und Atzung,
In verschwenderischer Fülle,
Gab der Fürst den fremden Strolchen –
Auch Geschenke reich und prächtig,

Kostbarkeiten klug gedrechselt,
Von massivem Gold, Juwelen,
Zeugten glänzend von der Huld
Und der Großmut des Monarchen.

Dieser unzivilisierte,
Abergläubisch blinde Heide
Glaubte noch an Treu' und Ehre
Und an Heiligkeit des Gastrechts.

Er willfahrte dem Gesuche,
Beizuwohnen einem Feste,
Das in ihrer Burg die Spanier
Ihm zu Ehren geben wollten –

Und mit seinem Hofgesinde,
Arglos, huldreich, kam der König
In das spanische Quartier,
Wo Fanfaren ihn begrüßten.

Wie das Festspiel war betitelt,
Weiß ich nicht. Es hieß vielleicht:
'Span'sche Treue!' doch der Autor
Nannt' sich Don Fernando Cortez.

Dieser gab das Stichwort – plötzlich
Ward der König überfallen,
Und man band ihn und behielt ihn
In der Burg als eine Geisel.

Aber Montezuma starb,
Und da war der Damm gebrochen,
Der die kecken Abenteurer
Schützte vor dem Zorn des Volkes.

Schrecklich jetzt begann die Brandung –
Wie ein wild empörtes Meer
Tosten, rasten immer näher
Die erzürnten Menschenwellen.

Tapfer schlugen zwar die Spanier
Jeden Sturm zurück. Doch täglich
Ward berennt die Burg aufs neue,
Und ermüdend war das Kampfspiel.

Nach dem Tod des Königs stockte
Auch der Lebensmittel Zufuhr;
Kürzer wurden die Rationen,
Die Gesichter wurden länger.

Und mit langen Angesichtern,
Sahn sich an Hispaniens Söhne,
Und sie seufzten und sie dachten
An die traute Christenheimat,

An das teure Vaterland,
Wo die frommen Glocken läuten
Und am Herde friedlich brodelt
Eine Ollea-Potrida,[39]

Dick verschmoret mit Garbanzos,
Unter welchen, schalkhaft duftend,
Auch wohl kichernd, sich verbergen
Die geliebten Knoblauchwürstchen.

Einen Kriegsrat hielt der Feldherr,
Und der Rückzug ward beschlossen;
In der nächsten Tagesfrühe
Soll das Heer die Stadt verlassen.

Leicht gelang's hineinzukommen
Einst durch List dem klugen Cortez,
Doch die Rückkehr nach dem Festland
Bot fatale Schwierigkeiten.

Mexiko, die Inselstadt,
Liegt in einem großen See,

In der Mitte, flutumrauscht;
Eine stolze Wasserfestung,

Mit dem Uferland verkehrend
Nur durch Schiffe, Flöße, Brücken,
Die auf Riesenpfählen ruhen;
Kleine Inseln bilden Furten.

Noch bevor die Sonne aufging
Setzten sich in Marsch die Spanier;
Keine Trommel ward gerühret,
Kein Trompeter blies Reveille.

Wollten ihre Wirte nicht
Aus dem süßen Schlafe wecken –
(Hunderttausend Indianer
Lagerten in Mexiko).

Doch der Spanier machte diesmal
Ohne seinen Wirt die Rechnung;
Noch frühzeit'ger aufgestanden
Waren heut' die Mexikaner.

Auf den Brücken, auf den Flößen,
Auf den Furten harrten sie,
Um den Abschiedstrunk alldorten
Ihren Gästen zu kredenzen.

Auf den Brücken, Flößen, Furten,
Hei! da gab's ein toll Gelage!
Rot in Strömen floß das Blut
Und die kecken Zecher rangen –

Rangen Leib an Leib gepreßt,
Und wir sehn auf mancher nackten
Indianerbrust den Abdruck
Span'scher Rüstungsarabesken.

Ein Erdrosseln war's, ein Würgen,
Ein Gemetzel, das sich langsam,
Schaurig langsam, weiter wälzte,
Über Brücken, Flöße, Furten.

74

Die Indianer sangen, brüllten,
Doch die Spanier fochten schweigend;
Mußten Schritt für Schritt erobern
Einen Boden für die Flucht.

In gedrängten Engpaßkämpfen
Boten g'ringen Vorteil heute
Alteuropas strenge Kriegskunst,
Feuerschlünde, Harnisch, Pferde.

Viele Spanier waren gleichfalls
Schwer bepackt mit jenem Golde,
Das sie jüngst erpreßt, erbeutet –
Ach, die gelbe Sündenlast

Lähmte, hemmte sie im Kampfe,
Und das teuflische Metall
Ward nicht bloß der armen Seele,
Sondern auch dem Leib verderblich.

Mittlerweile ward der See
Ganz bedeckt von Kähnen, Barken;
Schützen saßen drin und schossen
Nach den Brücken, Flößen, Furten.

Trafen freilich im Getümmel
Viele ihrer eignen Brüder,
Doch sie trafen auch gar manchen
Hochvortrefflichen Hidalgo.

Auf der dritten Brücke fiel
Junker Gaston, der an jenem
Tag die Fahne trug, worauf
Konterfeit die heil'ge Jungfrau.

Dieses Bildnis selber trafen
Die Geschosse der Indianer;
Sechs Geschosse blieben stecken
Just im Herzen – blanke Pfeile,

Ähnlich jenen güldnen Schwertern
Die der Mater dolorosa[40]

Schmerzenreiche Brust durchbohren
Bei Karfreitagsprozessionen.

Sterbend übergab Don Gaston
Seine Fahne dem Gonzalvo,
Der zu Tod getroffen gleichfalls
Bald dahinsank. – Jetzt ergriff

Cortez selbst das teure Banner,
Er, der Feldherr, und er trug es
Hoch zu Roß bis gegen Abend,
Wo die Schlacht ein Ende nahm.

Hundertsechzig Spanier fanden
Ihren Tod an jenem Tage;
Über achtzig fielen lebend
In die Hände der Indianer.

Schwer verwundet wurden viele,
Die erst später unterlagen.
Schier ein Dutzend Pferde wurde
Teils getötet, teils erbeutet.

Gegen Abend erst erreichten
Cortez und sein Heer das sichre
Uferland, ein Seegestade,
Karg bepflanzt mit Trauerweiden.

2

Nach des Kampfes Schreckenstag,
Kommt die Spuknacht des Triumphes;
Hunderttausend Freudenlampen
Lodern auf in Mexiko.

Hunderttausend Freudenlampen,
Waldharzfackeln, Pechkranzfeuer,
Werfen grell ihr Tageslicht
Auf Paläste, Götterhallen,

Gildenhäuser und zumal
Auf den Tempel Vitzliputzlis,

Götzenburg von rotem Backstein,
Seltsam mahnend an ägyptisch,

Babylonisch und assyrisch
Kolossalen Bauwerk-Monstren,
Die wir schauen auf den Bildern
Unsers Briten Henri Martin.[41]

Ja, das sind dieselben breiten
Rampentreppen, also breit,
Daß dort auf und nieder wallen
Viele tausend Mexikaner,

Während auf den Stufen lagern
Rottenweis die wilden Krieger,
Welche lustig bankettieren,
Hochberauscht von Sieg und Palmwein.

Diese Rampentreppen leiten
Wie ein Zickzack, nach der Plattform,
Einem balustradenart'gen
Ungeheuern Tempeldach.

Dort auf seinem Thronaltar
Sitzt der große Vitzliputzli,
Mexikos blutdürst'ger Kriegsgott.
Ist ein böses Ungetüm,

Doch sein Äußres ist so putzig,
So verschnörkelt und so kindisch,
Da er trotz des innern Grausens
Dennoch unsre Lachlust kitzelt –

Und bei seinem Anblick denken
Wir zu gleicher Zeit etwa
An den blassen Tod von Basel[42]
Und an Brüssels Mannke-Piß.[43]

An des Gottes Seite stehen
Rechts die Laien, links die Pfaffen;
Im Ornat von bunten Federn
Spreizt sich heut' die Klerisei.

Auf des Altars Marmorstufen
Hockt ein hundertjährig Männlein,
Ohne Haar an Kinn und Schädel;
Trägt ein scharlach Kamisölchen.

Dieses ist der Opferpriester,
Und er wetzet seine Messer,
Wetzt sie lächelnd, und er schielet
Manchmal nach dem Gott hinauf.

Vitzliputzli scheint den Blick
Seines Dieners zu verstehen,
Zwinkert mit den Augenwimpern
Und bewegt sogar die Lippen.

Auf des Altars Stufen kauern
Auch die Tempelmusici,
Paukenschläger, Kuhhornbläser –
Ein Gerassel und Getute –

Ein Gerassel und Getute,
Und es stimmet ein des Chores
Mexikanisches Tedeum[44]–
Ein Miaulen wie von Katzen –

Ein Miaulen wie von Katzen,
Doch von jener großen Sorte,
Welche Tigerkatzen heißen
Und statt Mäuse Menschen fressen!

Wenn der Nachtwind diese Töne
Hinwirft nach dem Seegestade,
Wird den Spaniern, die dort lagern,
Katzenjämmerlich zu Mute.

Traurig unter Trauerweiden,
Stehen diese dort noch immer,
Und sie starren nach der Stadt,
Die im dunkeln Seegewässer

Widerspiegelt, schier verhöhnend,
Alle Flammen ihrer Freude –

Stehen dort wie im Parterre
Eines großen Schauspielhauses,

Und des Vitzliputzli-Tempels
Helle Plattform ist die Bühne,
Wo zur Siegesfeier jetzt
Ein Mysterium tragiert wird.

'Menschenopfer' heißt das Stück.
Uralt ist der Stoff, die Fabel;
In der christlichen Behandlung
Ist das Schauspiel nicht so gräßlich.

Denn dem Blute wurde Rotwein,
Und dem Leichnam, welcher vorkam,
Wurde eine harmlos dünne
Mehlbreispeis transsubstituieret –

Diesmal aber, bei den Wilden,
War der Spaß sehr roh und ernsthaft
Aufgefaßt: man speiste Fleisch,
Und das Blut war Menschenblut.

Diesmal war es gar das Vollblut
Von Altchristen,[45] das sich nie,
Nie vermischt hat mit dem Blute
Der Moresken[46] und der Juden.

Freu dich, Vitzliputzli, freu dich,
Heute gibt es Spanierblut,
Und am warmen Dufte wirst du
Gierig laben deine Nase.

Heute werden dir geschlachtet
Achtzig Spanier, stolze Braten
Für die Tafel deiner Priester,
Die sich an dem Fleisch erquicken.

Denn der Priester ist ein Mensch,
Und der Mensch, der arme Fresser,
Kann nicht bloß vom Riechen leben
Und vom Dufte, wie die Götter.

79

Horch! die Todespauke dröhnt schon,
Und es kreischt das böse Kuhhorn!
Sie verkünden, daß heraufsteigt
Jetzt der Zug der Sterbemänner.

Achtzig Spanier, schmählich nackend,
Ihre Hände auf dem Rücken
Festgebunden, schleppt und schleift man
Hoch hinauf die Tempeltreppe.

Vor dem Vitzliputzli-Bilde
Zwingt man sie das Knie zu beugen
Und zu tanzen Possentänze, .
Und man zwingt sie durch Torturen,

Die so grausam und entsetzlich,
Daß der Angstschrei der Gequälten
Überheulet das gesamte
Kannibalen-Charivari. –

Armes Publikum am See!
Cortez und die Kriegsgefährten
Sie vernahmen und erkannten
Ihrer Freunde Angstrufstimmen –

Auf der Bühne, grellbeleuchtet,
Sahen sie auch ganz genau
Die Gestalten und die Mienen –
Sahn das Messer, sahn das Blut –

Und sie nahmen ab die Helme
Von den Häuptern, knieten nieder,
Stimmten an den Psalm der Toten
Und sie sangen: *De profundis!*[47]

Unter jenen, welche starben,
War auch Raimond de Mendoza,
Sohn der schönen Abbatissin,
Cortez' erste Jugendliebe.

Als er auf der Brust des Jünglings
Jenes Medaillon gewährte,

Das der Mutter Bildnis einschloß,
Weinte Cortez helle Tränen –

Doch er wischt' sie ab vom Auge
Mit dem harten Büffelhandschuh,
Seufzte tief und sang im Chore
Mit den andern: *miserere!*

3

Blasser schimmern schon die Sterne,
Und die Morgennebel steigen
Aus der Seeflut, wie Gespenster,
Mit hinschleppend weißen Laken.

Fest' und Lichter sind erloschen
Auf dem Dach des Götzentempels,
Wo am blutgetränkten Estrich
Schnarchend liegen Pfaff' und Laie.

Nur die rote Jacke wacht.
Bei dem Schein der letzten Lampe,
Süßlich grinsend, grimmig schäkernd,
Spricht der Priester zu dem Gotte:

'Vitzliputzli, Putzlivitzli,
Liebstes Göttchen Vitzliputzli!
Hast dich heute amüsieret,
Hast gerochen Wohlgerüche!

'Heute gab es Spanierblut –
O das dampfte so app'titlich,
Und dein feines Ledernäschen
Sog den Duft ein, wollustglänzend.

'Morgen opfern wir die Pferde,
Wiehernd edle Ungetüme,
Die des Windes Geister zeugten,
Buhlschaft treibend mit der Seekuh.

'Willst du artig sein, so schlacht' ich
Dir auch meine beiden Enkel,

Hübsche Bübchen, süßes Blut,
Meines Alters einz'ge Freude.

'Aber artig mußt du sein,
Mußt uns neue Siege schenken –
Laß uns siegen, liebes Göttchen,
Putzlivitzli, Vitzliputzli!

'O verderbe unsre Feinde,
Diese Fremden, die aus fernen
Und noch unentdeckten Landern
Zu uns kamen übers Weltmeer –

'Warum ließen sie die Heimat?
Trieb sie Hunger oder Blutschuld?
Bleib' im Land' und nähr dich redlich,
Ist ein sinnig altes Sprüchwort.

'Was ist ihr Begehr? Sie stecken
Unser Gold in ihre Taschen,
Und sie wollen, daß wir droben
Einst im Himmel glücklich werden!

'Anfangs glaubten wir, sie wären
Wesen von der höchsten Gattung,
Sonnensöhne, die unsterblich
Und bewehrt mit Blitz und Donner.

'Aber Menschen sind sie, tötbar
Wie wir andre, und mein Messer
Hat erprobet heute nacht
Ihre Menschensterblichkeit.

'Menschen sind sie und nicht schöner,
Als wir andre, manche drunter
Sind so häßlich wie die Affen;
Wie bei diesen sind behaart

'Die Gesichter, und es heißt
Manche trügen in den Hosen
Auch verborgne Affenschwänze –
Wer kein Aff', braucht keine Hosen.

'Auch moralisch häßlich sind sie,
Wissen nichts von Pietät,
Und es heißt, da sie sogar
Ihre eignen Götter fräßen!

'O vertilge diese ruchlos
Böse Brut, die Götterfresser –
Vitzliputzli, Putzlivitzli,
Laß uns siegen, Vitzliputzli!' –

Also sprach zum Gott der Priester,
Und des Gottes Antwort tönt
Seufzend, röchelnd, wie der Nachtwind,
Welcher koset mit dem Seeschilf:

Rotjack', Rotjack', blut'ger Schlächter,
Hast geschlachtet viele Tausend,
Bohre jetzt das Opfermesser
In den eignen alten Leib.

Aus dem aufgeschlitzten Leib
Schlüpft alsdann hervor die Seele;
Über Kiesel, über Wurzel
Trippelt sie zum Laubfroschteiche.

Dorten hocket meine Muhme
Rattenkön'gin – sie wird sagen:
'Guten Morgen, nackte Seele,
Wie ergeht es meinem Neffen?

'Vitzliputzelt er vergnügt
In dem honigsüßen Goldlicht?
Wedelt ihm das Glück die Fliegen
Und die Sorgen von der Stirne?

'Oder kratzt ihn Katzlagara,[48]
Die verhaßte Unheilsgöttin
Mit den schwarzen Eisenpfoten,
Die in Otterngift getränket?'

Nackte Seele, gib zur Antwort:
Vitzliputzli läßt dich grüßen,

Und er wünscht dir Pestilenz
In den Bauch, Vermaledeite!

Denn du rietest ihm zum Kriege,
Und dein Rat, es war ein Abgrund –
In Erfüllung geht die böse,
Uralt böse Prophezeiung

Von des Reiches Untergang
Durch die furchtbar bärt'gen Männer,
Die auf hölzernem Gevögel
Hergeflogen aus dem Osten.

Auch ein altes Sprüchwort gibt es:
Weiberwille, Gotteswille –
Doppelt ist der Gotteswille,
Wenn das Weib die Mutter Gottes.

Diese ist es, die mir zürnet,
Sie, die stolze Himmelsfürstin,
Eine Jungfrau sonder Makel,
Zauberkundig, wundertätig.

Sie beschützt das Spaniervolk,
Und wir müssen untergehen,
Ich, der ärmste aller Götter,
Und mein armes Mexiko.

Nach vollbrachtem Auftrag, Rotjack',
Krieche deine nackte Seele
In ein Sandloch – Schlafe wohl!
Daß du nicht mein Unglück schauest!

Dieser Tempel stürzt zusammen,
Und ich selber, ich versinke
In dem Qualm – nur Rauch und Trümmer –
Keiner wird mich wiedersehen.

Doch ich sterbe nicht; wir Götter
Werden alt wie Papageien,
Und wir mausern nur und wechseln
Auch wie diese das Gefieder.

Nach der Heimat meiner Feinde,
Die Europa ist geheißen,
Will ich flüchten, dort beginn' ich
Eine neue Karriere.

Ich verteufle mich, der Gott
Wird jetzund ein Gottseibeiuns;[49]
Als der Feinde böser Feind,
Kann ich dorten wirken, schaffen.

Quälen will ich dort die Feinde,
Mit Phantomen sie erschrecken –
Vorgeschmack der Hölle, Schwefel
Sollen sie beständig riechen.

Ihre Weisen, ihre Narren
Will ich ködern und verlocken;
Ihre Tugend will ich kitzeln,
Bis sie lacht wie eine Metze.

Ja, ein Teufel will ich werden,
Und als Kameraden grüß' ich
Satanas und Belial,
Astaroth und Belzebub.

Dich zumal begrüß' ich, Lilis,[50]
Sündenmutter, glatte Schlange!
Lehr mich deine Grausamkeiten
Und die schöne Kunst der Lüge!

Mein geliebtes Mexiko,
Nimmermehr kann ich es retten,
Aber rächen will ich furchtbar
Mein geliebtes Mexiko.

II. *Lamentationen*

Jetzt wohin?

Jetzt wohin? Der dumme Fuß
Will mich gern nach Deutschland tragen;
Doch es schüttelt klug das Haupt
Mein Verstand und scheint zu sagen:

Zwar beendigt ist der Krieg,
Doch die Kriegsgerichte blieben,
Und es heißt, du habest einst
Viel Erschießliches geschrieben.

Das ist wahr, unangenehm
Wär' mir das Erschossenwerden;
Bin kein Held, es fehlen mir
Die pathetischen Gebärden.

Gern würd' ich nach England gehn,
Wären dort nicht Kohlendämpfe
Und Engländer – schon ihr Duft
Gibt Erbrechen mir und Krämpfe.

Manchmal kommt mir in den Sinn
Nach Amerika zu segeln,
Nach dem großen Freiheitsstall,
Der bewohnt von Gleichheitsflegeln –

Doch es ängstet mich ein Land,
Wo die Menschen Tabak käuen,
Wo sie ohne König kegeln,
Wo sie ohne Spucknapf speien.

Rußland, dieses schöne Reich,
Würde mir vielleicht behagen,
Doch im Winter könnte ich
Dort die Knute nicht ertragen.

Traurig schau' ich in die Höh',
Wo viel tausend Sterne nicken –
Aber meinen eignen Stern
Kann ich nirgends dort erblicken.

Hat im güldnen Labyrinth
Sich vielleicht verirrt am Himmel,
Wie ich selber mich verirrt
In dem irdischen Getümmel.

Lazarus

Weltlauf

Hat man viel, so wird man bald
Noch viel mehr dazu bekommen.
Wer nur wenig hat, dem wird
Auch das wenige genommen.

Wenn du aber gar nichts hast,
Ach, so lasse dich begraben –
Denn ein Recht zum Leben, Lump,
Haben nur die etwas haben.

Sterbende

Flogest aus nach Sonn' und Glück,
Nackt und schlecht kommst du zurück.
Deutsche Treue, deutsche Hemde,
Die verschleißt man in der Fremde.

Siehst sehr sterbebläßlich aus,
Doch getrost, du bist zu Haus.
Warm wie an dem Flackerherde
Liegt man in der deutschen Erde.

Mancher leider wurde lahm
Und nicht mehr nach Hause kam –
Streckt verlangend aus die Arme,
Daß der Herr sich sein erbarme!

Gedächtnisfeier

Keine Messe wird man singen,
Keinen Kadosch[51] wird man sagen,
Nichts gesagt und nichts gesungen
Wird an meinen Sterbetagen.

Doch vielleicht an solchem Tage,
Wenn das Wetter schön und milde,
Geht spazieren auf Montmartre
Mit Paulinen Frau Mathilde.[52]

Mit dem Kranz von Immortellen
Kommt sie mir das Grab zu schmücken,
Und sie seufzet: 'Pauvre homme!'
Feuchte Wehmut in den Blicken.

Leider wohn' ich viel zu hoch,
Und ich habe meiner Süßen
Keinen Stuhl hier anzubieten;
Ach! sie schwankt auf müden Füßen.

Süßes, dickes Kind, du darfst
Nicht zu Fuß nach Hause gehen;
An dem Barriere-Gitter
Siehst du die Fiaker stehen.

Frau Sorge

In meines Glückes Sonnenglanz
Da gaukelte fröhlich der Mückentanz.
Die lieben Freunde liebten mich
Und teilten mit mir brüderlich
Wohl meinen besten Braten
Und meinen letzten Dukaten.

Das Glück ist fort, der Beutel leer,
Und hab' auch keine Freunde mehr;

Erloschen ist der Sonnenglanz,
Zerstoben ist der Mückentanz,
Die Freunde, so wie die Mücke,
Verschwinden mit dem Glücke.

An meinem Bett in der Winternacht
Als Wärterin die Sorge wacht.
Sie trägt eine weiße Unterjack',
Ein schwarzes Mützchen, und schnupft Tabak.
Die Dose knarrt so gräßlich,
Die Alte nickt so häßlich.

Mir träumt manchmal, gekommen sei
Zurück das Glück und der junge Mai
Und die Freundschaft und der Mückenschwarm –
Da knarrt die Dose – daß Gott erbarm',
Es platzt die Seifenblase –
Die Alte schneuzt die Nase.

Im Oktober 1849

Gelegt hat sich der starke Wind,
Und wieder stille wird's daheime;
Germania, das große Kind,
Erfreut sich wieder seiner Weihnachtsbäume.

Wir treiben jetzt Familienglück –
Was höher lockt, das ist vom Übel –
Die Friedensschwalbe kehrt zurück,
Die einst genistet in des Hauses Giebel.

Gemütlich ruhen Wald und Fluß,
Von sanftem Mondlicht übergossen;
Nur manchmal knallt's – Ist das ein Schuß?
Es ist vielleicht ein Freund, den man erschossen.

Vielleicht mit Waffen in der Hand
Hat man den Tollkopf angetroffen,
(Nicht jeder hat so viel Verstand
Wie Flaccus, der so kühn davon geloffen).[53]

Es knallt. Es ist ein Fest vielleicht,
Ein Feuerwerk zur Goethefeier! [54] –
Die Sontag,[55] die dem Grab entsteigt,
Begrüßt Raketenlärm – die alte Leier.

Auch Liszt taucht wieder auf, der Franz,[56]
Er lebt, er liegt nicht blutgerötet
Auf einem Schlachtfeld Ungarlands;
Kein Russe, noch Kroat' hat ihn getötet.

Es fiel der Freiheit letzte Schanz',
Und Ungarn blutet sich zu Tode –
Doch unversehrt blieb Ritter Franz,
Sein Säbel auch – er liegt in der Kommode.

Er lebt, der Franz, und wird als Greis
Vom Ungarkriege Wunderdinge
Erzählen in der Enkel Kreis –
'So lag ich und so führt' ich meine Klinge!'[57]

Wenn ich den Namen Ungarn hör',
Wird mir das deutsche Wams zu enge,
Es braust darunter wie ein Meer,
Mir ist als grüßten mich Trompetenklänge!

Es klirrt mir wieder im Gemüt
Die Heldensage, längst verklungen,
Das eisern wilde Kämpenlied –
Das Lied vom Untergang der Nibelungen.

Es ist dasselbe Heldenlos,
Es sind dieselben alten Mären,
Die Namen sind verändert bloß,
Doch sind's dieselben 'Helden lobebären'.[58]

Es ist dasselbe Schicksal auch –
Wie stolz und frei die Fahnen fliegen,
Es muß der Held, nach altem Brauch,
Den tierisch rohen Mächten unterliegen.

Und diesmal hat der Ochse gar
Mit Bären einen Bund geschlossen[59] –

Du fällst; doch tröste dich, Magyar,
Wir andre haben schlimmre Schmach genossen.

Anständ'ge Bestien sind es doch,
Die ganz honett dich überwunden;
Doch wir geraten in das Joch
Von Wölfen, Schweinen und gemeinen Hunden.

Das heult und bellt und grunzt – ich kann
Ertragen kaum den Duft der Sieger.
Doch still, Poet, das greift dich an –
Du bist so krank und schweigen wäre klüger.

Sie erlischt

Der Vorhang fällt, das Stück ist aus,
Und Herrn und Damen gehn nach Haus.
Ob ihnen auch das Stück gefallen?
Ich glaub' ich hörte Beifall schallen.
Ein hochverehrtes Publikum
Beklatschte dankbar seinen Dichter.
Jetzt aber ist das Haus so stumm,
Und sind verschwunden Lust und Lichter.

Doch horch! ein schollernd schnöder Klang
Ertönt unfern der öden Bühne; –
Vielleicht daß eine Seite sprang
An einer alten Violine.
Verdrießlich rascheln im Parterr'
Etwelche Ratten hin und her,
Und alles riecht nach ranz'gem Öle.
Die letzte Lampe ächzt und zischt
Verzweiflungsvoll und sie erlischt.
Das arme Licht war meine Seele.

Enfant perdu

Verlorner Posten in dem Freiheitskriege,
Hielt ich seit dreißig Jahren treulich aus.

Ich kämpfte ohne Hoffnung, daß ich siege,
Ich wußte, nie komm' ich gesund nach Haus.

Ich wachte Tag und Nacht – Ich konnt' nicht schlafen,
Wie in dem Lagerzelt der Freunde Schar –
(Auch hielt das laute Schnarchen dieser Braven
Mich wach, wenn ich ein bißchen schlummrig war).

In jenen Nächten hat Langweil' ergriffen
Mich oft, auch Furcht – (nur Narren fürchten nichts) –
Sie zu verscheuchen, hab' ich dann gepfiffen
Die frechen Reime eines Spottgedichts.

Ja, wachsam stand ich, das Gewehr im Arme,
Und nahte irgend ein verdächt'ger Gauch,
So schoß ich gut und jagt' ihm eine warme,
Brühwarme Kugel in den schnöden Bauch.

Mitunter freilich mocht' es sich ereignen,
Daß solch ein schlechter Gauch gleichfalls sehr gut
Zu schießen wußte – ach, ich kann's nicht leugnen –
Die Wunden klaffen – es verströmt mein Blut.

Ein Posten ist vakant! – Die Wunden klaffen –
Der eine fällt, die andern rücken nach –
Doch fall' ich unbesiegt, und meine Waffen
Sind nicht gebrochen – nur mein Herze brach.

III. *Hebräische Melodien*

Prinzessin Sabbat

In Arabiens Märchenbuche[60]
Sehen wir verwünschte Prinzen,
Die zuzeiten ihre schöne
Urgestalt zurückgewinnen.

Das behaarte Ungeheuer
Ist ein Königssohn geworden;
Schmuckreich glänzend angekleidet,
Auch verliebt die Flöte blasend.

Doch die Zauberfrist zerrinnt,
Und wir schauen plötzlich wieder
Seine königliche Hoheit
In ein Ungetüm verzottelt.

Einen Prinzen solchen Schicksals
Singt mein Lied. Er ist geheißen
Israel. Ihn hat verwandelt
Hexenspruch in einen Hund.

Hund mit hündischen Gedanken,
Kötert er die ganze Woche
Durch des Lebens Kot und Kehricht,
Gassenbuben zum Gespötte.

Aber jeden Freitag Abend,
In der Dämmrungstunde, plötzlich
Weicht der Zauber, und der Hund
Wird aufs neu' ein menschlich Wesen.

Mensch mit menschlichen Gefühlen,
Mit erhobnem Haupt und Herzen,
Festlich, reinlich schier gekleidet,
Tritt er in des Vaters Halle.

'Sei gegrüßt, geliebte Halle
Meines königlichen Vaters!
Zelte Jakobs, eure heil'gen
Eingangspfosten küßt mein Mund!'[61]

Durch das Haus geheimnisvoll
Zieht ein Wispern und ein Weben,
Und der unsichtbare Hausherr
Atmet schaurig in der Stille.

Stille! Nur der Seneschall,
(Vulgo Synagogendiener)
Springt geschäftig auf und nieder,
Um die Lampen anzuzünden.

Trostverheißend goldne Lichter,
Wie sie glänzen, wie sie glimmern!

93

Stolz aufflackern auch die Kerzen
Auf der Brüstung des Almemors.[62]

Vor dem Schreine, der die Thora[63]
Aufbewahret, und verhängt ist
Mit der kostbar seidnen Decke,
Die von Edelsteinen funkelt –

Dort an seinem Betpultständer
Steht schon der Gemeindesänger;
Schmuckes Männchen, das sein schwarzes
Mäntelchen kokett geachselt.

Um die weiße Hand zu zeigen,
Haspelt er am Halse, seltsam
An die Schläf' den Zeigefinger,
An die Kehl' den Daumen drückend.

Trällert vor sich hin ganz leise,
Bis er endlich lautaufjubelnd
Seine Stimm' erhebt und singt:
Lecho Daudi Likras Kalle![64]

Lecho Daudi Likras Kalle –
Komm, Geliebter, deiner harret
Schon die Braut, die dir entschleiert
Ihr verschämtes Angesicht!

Dieses hübsche Hochzeitkarmen
Ist gedichtet von dem großen,
Hochberühmten Minnesinger
Don Jehuda ben Halevy.[65]

In dem Liede wird gefeiert
Die Vermählung Israels
Mit der Frau Prinzessin Sabbat,
Die man nennt die stille Fürstin.

Perl' und Blume aller Schönheit
Ist die Fürstin. Schöner war
Nicht die Königin von Saba,[66]
Salomonis Busenfreundin,

Die, ein Blaustrumpf Äthiopiens,
Durch Esprit brillieren wollte,
Und mit ihren klugen Rätseln
Auf die Lange fatigant ward.

Die Prinzessin Sabbat, welche
Ja die personifizierte
Ruhe ist, verabscheut alle
Geisteskämpfe und Debatten.

Gleich fatal ist ihr die trampelnd
Deklamierende Passion,
Jenes Pathos, das mit flatternd
Aufgelöstem Haar einherstürmt.

Sittsam birgt die stille Fürstin
In der Haube ihre Zöpfe;
Blickt so sanft wie die Gazelle,
Blüht so schlank wie eine Addas.[67]

Sie erlaubt dem Liebsten alles,
Ausgenommen Tabakrauchen –
'Liebster! Rauchen ist verboten,
Weil es heute Sabbat ist.

'Dafür aber heute mittag
Soll dir dampfen, zum Ersatz,
Ein Gericht, das wahrhaft göttlich –
Heute sollst du Schalet[68] essen!'

Schalet, schöner Götterfunken,
Tochter aus Elysium![69]
Also klänge Schillers Hochlied,
Hätt' er Schalet je gekostet.

Schalet ist die Himmelspeise,
Die der liebe Herrgott selber
Einst den Moses kochen lehrte
Auf dem Berge Sinai,

Wo der Allerhöchste gleichfalls
All' die guten Glaubenslehren

Und die heil'gen zehn Gebote
Wetterleuchtend offenbarte.

Schalet ist des wahren Gottes
Koscheres Ambrosia,
Wonnebrot des Paradieses,
Und mit solcher Kost verglichen

Ist nur eitel Teufelsdreck
Das Ambrosia der falschen
Heidengötter Griechenlands,
Die verkappte Teufel waren.

Speist der Prinz von solcher Speise,
Glänzt sein Auge wie verkläret,
Und er knöpfet auf die Weste,
Und er spricht mit sel'gem Lächeln:

'Hör' ich nicht den Jordan rauschen?
Sind das nicht die Brüßelbrunnen[70]
In dem Palmental von Beth-El,[71]
Wo gelagert die Kamele?

'Hör' ich nicht die Herdenglöckchen?
Sind das nicht die fetten Hämmel,
Die vom Gileathgebirge
Abendlich der Hirt herabtreibt?'

Doch der schöne Tag verflittert;
Wie mit langen Schattenbeinen
Kommt geschritten der Verwünschung
Böse Stund' – Es seufzt der Prinz.

Ist ihm doch als griffen eiskalt
Hexenfinger in sein Herze.
Schon durchrieseln ihn die Schauer
Hündischer Metamorphose.

Die Prinzessin reicht dem Prinzen
Ihre güldne Nardenbüchse.[72]
Langsam riecht er – Will sich laben
Noch einmal an Wohlgerüchen.

Es kredenzet die Prinzessin
Auch den Abschiedstrunk dem Prinzen –
Hastig trinkt er, und im Becher
Bleiben wen'ge Tropfen nur.

Er besprengt damit den Tisch,
Nimmt alsdann ein kleines Wachslicht,
Und er tunkt es in die Nässe,
Daß es knistert und erlischt.

Gedichte 1853 und 1854

Leib und Seele

Die arme Seele spricht zum Leibe:
Ich lass' nicht ab von dir, ich bleibe
Bei dir – ich will mit dir versinken
In Tod und Nacht, Vernichtung trinken!
Du warst ja stets mein zweites Ich,
Das liebevoll umschlungen mich,
Als wie ein Festkleid von Satin,
Gefüttert weich mit Hermelin –
Weh mir! jetzt soll ich gleichsam nackt,
Ganz ohne Körper, ganz abstrakt,
Hinlungern als ein sel'ges Nichts
Dort oben in dem Reich des Lichts,
In jenen kalten Himmelshallen,
Wo schweigend die Ewigkeiten wallen
Und mich angähnen – sie klappern dabei
Langweilig mit ihren Pantoffeln von Blei.
O, das ist grauenhaft; o bleib,
Bleib bei mir, du geliebter Leib!

Der Leib zur armen Seele spricht:
O tröste dich und gräm dich nicht!
Ertragen müssen wir in Frieden,
Was uns vom Schicksal ward beschieden.
Ich war der Lampe Docht, ich muß
Verbrennen; du, der Spiritus,
Wirst droben auserlesen sein,
Zu leuchten als ein Sternelein
Vom reinsten Glanz – Ich bin nur Plunder,
Materie nur, wie morscher Zunder
Zusammensinkend, und ich werde,
Was ich gewesen, eitel Erde.

Nun lebe wohl und tröste dich!
Vielleicht auch amüsiert man sich
Im Himmel besser, als du meinst.
Siehst du den großen Bären einst
(Nicht Meyer-Bär[73]) im Sternensaal,
Grüß ihn von mir vieltausendmal!

Rote Pantoffeln

Gar böse Katze, so alt und grau,
Sie sagte, sie sei eine Schusterfrau;
Auch stand vor ihrem Fenster ein Lädchen,
Worin Pantoffeln für junge Mädchen,
Pantöffelchen von Maroquin,
Von Saffian und von Satin,
Von Samt, mit goldnen Borden garniert
Und buntgeblümten Bändern verziert.
Am lieblichsten dort zu schauen war
Ein scharlachrotes Pantöffelchenpaar;
Es hat mit seiner Farbenpracht
Gar manchem Dirnchen ins Herz gelacht.

Eine junge weiße Edelmaus,
Die ging vorbei dem Schusterhaus,
Kehrt' wieder um, dann blieb sie stehn,
Tät nochmals durch das Fenster sehn –
Sprach endlich: 'Ich grüß' Euch, Frau Kitze, Frau Katze,
Gar schöne rote Pantöffelchen hat Sie;
Sind sie nicht teuer, ich kauf' sie Euch ab,
Sagt mir, wieviel ich zu zahlen hab'.'

Die Katze rief: 'Mein Jüngferlein,
Ich bitte gehorsamst, treten Sie ein,
Geruhen Sie, mein Haus zu beehren
Mit dero Gegenwart; es verkehren
Mit mir die allerschönsten Madel
Und Herzoginnen, der höchste Adel –
Die Töffelchen will ich wohlfeil lassen –
Doch laßt uns jetzt sehn, ob sie Euch passen –
Ach, treten Sie ein und nehmen Sie Platz – '
So flötet die boshaft listige Katz',

Und das weiße, unerfahrene Ding
In die Mördergrub', in die Falle ging –
Auf eine Bank setzt sich die Maus
Und streckt ihr kleines Beinchen aus,
Um anzuprobieren die roten Schuhe –
Sie war ein Bild von Unschuld und Ruhe –
Da packt sie plötzlich die böse Katze
Und würgt sie mit der grimmigen Tatze
Und beißt ihr ab das arme Köpfchen,
Und spricht: 'Mein liebes, weißes Geschöpfchen,
Mein Mäuschen, du bist mausetot!
Jedoch die Pantöffelchen scharlachrot,
Die will ich stellen auf deine Gruft;
Und wenn die Weltposaune ruft
Zum jüngsten Tanz, o weiße Maus,
Aus deinem Grab steigst du heraus,
Ganz wie die andern, und sodann
Ziehst du die roten Pantöffelchen an.'

Moral

Ihr weißen Mäuschen, nehmt euch in acht,
Laßt euch nicht ködern von weltlicher Pracht!
Ich rat' euch, lieber barfuß zu laufen,
Als bei der Katze Pantöffelchen kaufen.

Babylonische Sorgen

Mich ruft der Tod – Ich wollt, o Süße,
Daß ich dich in einem Wald verließe,
In einem jener Tannenforsten,
Wo Wölfe heulen, Geier horsten
Und schrecklich grunzt die wilde Sau,
Des blonden Ebers Ehefrau.

Mich ruft der Tod – Es wär noch besser,
Müßt ich auf hohem Seegewässer
Verlassen dich, mein Weib, mein Kind,
Wenngleich der tolle Nordpol-Wind
Dort peitscht die Wellen, und aus den Tiefen

Die Ungetüme, die dort schliefen,
Haifisch' und Krokodile, kommen
Mit offnem Rache emporgeschwommen –
Glaub mir, mein Kind, mein Weib, Mathilde,
Nicht so gefährlich ist das wilde,
Erzürnte Meer und der trotzige Wald,
Als unser jetziger Aufenthalt!
Wie schrecklich auch der Wolf und der Geier,
Haifische und sonstige Meerungeheuer:
Viel grimmere, schlimmere Bestien enthält
Paris, die leuchtende Hauptstadt der Welt,
Das singende, springende, schöne Paris,
Die Hölle der Engel, der Teufel Paradies –
Daß ich dich hier verlassen soll,
Das macht mich verrückt, das macht mich toll!

Mit spöttischem Sumsen mein Bett umschwirrn
Die schwarzen Fliegen; auf Nas und Stirn
Setzen sie sich – fatales Gelichter!
Etwelche haben wie Menschengesichter,
Auch Elefantenrüssel daran,
Wie Gott Ganesa in Hindostan. –
In meinem Hirne rumort es und knackt,
Ich glaube, da wird ein Koffer gepackt,
Und mein Verstand reist ab – o wehe –
Noch früher als ich selber gehe.

Das Sklavenschiff

1

Der Superkargo Mynheer van Koek
Sitzt rechnend in seiner Kajüte;
Er kalkuliert der Ladung Betrag
Und die probabeln Profite.

'Der Gummi ist gut, der Pfeffer ist gut,
Dreihundert Säcke und Fässer;
Ich habe Goldstaub und Elfenbein –
Die schwarze Ware ist besser.

'Sechshundert Neger tauschte ich ein
Spottwohlfeil am Senegalflusse.
Das Fleisch ist hart, die Sehnen sind stramm,
Wie Eisen vom besten Gusse.

'Ich hab' zum Tausche Branntewein,
Glasperlen und Stahlzeug gegeben;
Gewinne daran achthundert Prozent,
Bleibt mir die Hälfte am Leben.

'Bleiben mir Neger dreihundert nur
Im Hafen von Rio Janeiro,
Zahlt dort mir hundert Dukaten per Stück
Das Haus Gonzales Perreiro.'

Da plötzlich wird Mynheer van Koek
Aus seinen Gedanken gerissen;
Der Schiffschirurgius tritt herein,
Der Doktor van der Smissen.

Das ist eine klapperdürre Figur,
Die Nase voll roter Warzen –
'Nun Wasserfeldscherer,' ruft van Koek,
'Wie geht's meinen lieben Schwarzen?'

Der Doktor dankt der Nachfrage und spricht:
'Ich bin zu melden gekommen,
Daß heute Nacht die Sterblichkeit
Bedeutend zugenommen.

'Im Durchschnitt starben täglich zwei,
Doch heute starben sieben,
Vier Männer, drei Frauen – Ich hab' den Verlust
Sogleich in die Kladde geschrieben.

'Ich inspizierte die Leichen genau;
Denn diese Schelme stellen
Sich manchmal tot, damit man sie
Hinabwirft in die Wellen.

'Ich nahm den Toten die Eisen ab;
Und wie ich gewöhnlich tue,

Ich ließ die Leichen werfen ins Meer
Des Morgens in der Fruhe.

'Es schossen alsbald hervor aus der Flut
Haifische, ganze Heere,
Sie lieben so sehr das Negerfleisch;
Das sind meine Pensionäre.

'Sie folgten unseres Schiffes Spur,
Seit wir verlassen die Küste;
Die Bestien wittern den Leichengeruch,
Mit schnupperndem Fraßgelüste.

'Es ist possierlich anzusehn,
Wie sie nach den Toten schnappen!
Die faßt den Kopf, die faßt das Bein,
Die andern schlucken die Lappen.

'Ist alles verschlungen, dann tummeln sie sich
Vergnügt um des Schiffes Planken
Und glotzen mich an, als wollten sie
Sich für das Frühstück bedanken.'

Doch seufzend fällt ihm in die Red'
Van Koek: 'Wie kann ich lindern
Das Übel? wie kann ich die Progression
Der Sterblichkeit verhindern?'

Der Doktor erwidert: 'Durch eigne Schuld
Sind viele Schwarze gestorben;
Ihr schlechter Odem hat die Luft
Im Schiffsraum so sehr verdorben.

'Auch starben viele durch Melancholie,
Dieweil sie sich tödlich langweilen;
Durch etwas Luft, Musik und Tanz
Läßt sich die Krankheit heilen.'

Da ruft van Koek: 'Ein guter Rat!
Mein teurer Wasserfeldscherer
Ist klug wie Aristoteles,
Des Alexanders Lehrer.

'Der Präsident der Societät
Der Tulpenveredlung im Delfte
Ist sehr gescheit, doch hat er nicht
Von Eurem Verstande die Hälfte.

'Musik! Musik! Die Schwarzen solln
Hier auf dem Verdecke tanzen,
Und wer sich beim Hopfen nicht amüsiert,
Den soll die Peitsche kuranzen.'

2

Hoch aus dem blauen Himmelszelt
Viel tausend Sterne schauen,
Sehnsüchtig glänzend, groß und klug,
Wie Augen von schönen Frauen.

Sie blicken hinunter in das Meer,
Das weithin überzogen
Mit phosphorstrahlendem Purpurduft;
Wollüstig girren die Wogen.

Kein Segel flattert am Sklavenschiff,
Es liegt wie abgetakelt;
Doch schimmern Laternen auf dem Verdeck,
Wo Tanzmusik spektakelt.

Die Fiedel streicht der Steuermann,
Der Koch, der spielt die Flöte,
Ein Schiffsjung' schlägt die Trommel dazu,
Der Doktor bläst die Trompete.

Wohl hundert Neger, Männer und Fraun,
Sie jauchzen und hopfen und kreisen
Wie toll herum; bei jedem Sprung
Taktmäßig klirren die Eisen.

Sie stampfen den Boden mit tobender Lust,
Und manche schwarze Schöne
Umschlingt wollüstig den nackten Genoß –
Dazwischen ächzende Töne.

Der Büttel ist Maître des plaisirs,
Und hat mit Peitschenhieben
Die lässigen Tänzer stimuliert,
Zum Frohsinn angetrieben.

Und Dideldumdei und Schnedderedeng!
Der Lärm lockt aus den Tiefen
Die Ungetüme der Wasserwelt,
Die dort blödsinnig schliefen.

Schlaftrunken kommen geschwommen heran
Haifische, viele hundert;
Sie glotzen nach dem Schiff hinauf,
Sie sind verdutzt, verwundert.

Sie merken, daß die Frühstückstund'
Noch nicht gekommen, und gähnen,
Aufsperrend den Rachen; die Kiefer sind
Bepflanzt mit Sägezähnen.

Und Dideldumdei und Schnedderedeng –
Es nehmen kein Ende die Tänze.
Die Haifische beißen vor Ungeduld
Sich selber in die Schwänze.

Ich glaube, sie lieben nicht die Musik,
Wie viele von ihrem Gelichter.
Trau keiner Bestie, die nicht liebt
Musik! sagt Albions großer Dichter.[74]

Und Schnedderedeng und Dideldumdei –
Die Tänze nehmen kein Ende.
Am Fockmast steht Mynheer van Koek
Und faltet betend die Hände:

'Um Christi willen verschone, o Herr,
Das Leben der schwarzen Sünder!
Erzürnten sie dich, so weißt du ja,
Sie sind so dumm wie die Rinder.

'Verschone ihr Leben um Christi willn,
Der für uns alle gestorben!

Denn bleiben mir nicht dreihundert Stück,
So ist mein Geschäft verdorben.'

Affrontenburg

Die Zeit verfließt, jedoch das Schloß,
Das alte Schloß mit Turm und Zinne
Und seinem blöden Menschenvolk,
Es kommt mir nimmer aus dem Sinne.

Ich sehe stets die Wetterfahn',
Die auf dem Dach sich rasselnd drehte.
Ein jeder blickte scheu hinauf,
Bevor er nur den Mund auftäte.

Wer sprechen wollt', erforschte erst
Den Wind, aus Furcht, es möge plötzlich
Der alte Brummbär Boreas[75]
Anschnauben ihn nicht sehr ergötzlich.

Die Klügsten freilich schwiegen ganz –
Denn ach, es gab an jenem Orte
Ein Echo, das im Wiederklatsch
Boshaft verfälschte alle Worte.

Inmitten im Schloßgarten stand
Ein sphinxgezierter Marmorbronnen,
Der immer trocken war, obgleich
Gar manche Träne dort geronnen.

Vermaledeiter Garten! Ach,
Da gab es nirgends eine Stätte,
Wo nicht mein Herz gekränket ward,
Wo nicht mein Aug' geweinet hätte.

Da gab's wahrhaftig keinen Baum,
Worunter nicht Beleidigungen
Mir zugefüget worden sind
Von feinen und von groben Zungen.

Die Kröte, die im Gras gelauscht,
Hat alles mitgeteilt der Ratte,
Die ihrer Muhme Viper gleich
Erzählt, was sie vernommen hatte.

Die hat's gesagt dem Schwager Frosch –
Und solcherweis erfahren konnte
Die ganze schmutz'ge Sippschaft stracks
Die mir erwiesenen Affronte.

Des Gartens Rosen waren schön,
Und lieblich lockten ihre Düfte;
Doch früh hinwelkend starben sie
An einem sonderbaren Gifte.

Zu Tod ist auch erkrankt seitdem
Die Nachtigall, der edle Sprosser,
Der jenen Rosen sang sein Lied; –
Ich glaub', vom selben Gift genoß er.

Vermaledeiter Garten! Ja,
Es war, als ob ein Fluch drauf laste;
Manchmal am hellen, lichten Tag
Mich dort Gespensterfurcht erfaßte.

Mich grinste an der grüne Spuk,
Er schien mich grausam zu verhöhnen,
Und aus den Taxusbüschen drang
Alsbald ein Ächzen, Röcheln, Stöhnen.

Am Ende der Allee erhob
Sich die Terrasse, wo die Wellen
Der Nordsee zu der Zeit der Flut
Tief unten am Gestein zerschellen.

Dort schaut man weit hinaus ins Meer,
Dort stand ich oft in wilden Träumen.
Brandung war auch in meiner Brust –
Das war ein Tosen, Rasen, Schäumen –

Ein Schäumen, Rasen, Tosen war's,
Ohnmächtig gleichfalls wie die Wogen,

Die kläglich brach der harte Fels,
Wie stolz sie auch herangezogen.

Mit Neid sah ich die Schiffe ziehn
Vorüber nach beglückten Landen –
Doch mich hielt das verdammte Schloß
Gefesselt in verfluchten Banden.

Zum Lazarus

1

Laß die heil'gen Parabolen,
Laß die frommen Hypothesen –
Suche die verdammten Fragen
Ohne Umschweif uns zu lösen.

Warum schleppt sich blutend, elend,
Unter Kreuzlast der Gerechte,
Während glücklich als ein Sieger
Trabt auf hohem Roß der Schlechte?

Woran liegt die Schuld? Ist etwa
Unser Herr nicht ganz allmächtig?
Oder treibt er selbst den Unfug?
Ach, das wäre niederträchtig.

Also fragen wir beständig,
Bis man uns mit einer Handvoll
Erde endlich stopft die Mäuler –
Aber ist das eine Antwort?

3

Wie langsam kriechet sie dahin,
Die Zeit, die schauderhafte Schnecke!
Ich aber, ganz bewegungslos
Blieb ich hier auf demselben Flecke.

In meine dunkle Zelle dringt
Kein Sonnenstrahl, kein Hoffnungsschimmer;
Ich weiß, nur mit der Kirchhofsgruft
Vertausch' ich dies fatale Zimmer.

Vielleicht bin ich gestorben längst;
Es sind vielleicht nur Spukgestalten
Die Phantasieen, die des Nachts
Im Hirn den bunten Umzug halten.

Es mögen wohl Gespenster sein,
Altheidnisch göttlichen Gelichters;
Sie wählen gern zum Tummelplatz
Den Schädel eines toten Dichters. –

Die schaurig süßen Orgia,
Das nächtlich tolle Geistertreiben,
Sucht des Poeten Leichenhand
Manchmal am Morgen aufzuschreiben.

7

Vom Schöppenstuhle[76] der Vernunft
Bist du vollständig freigesprochen;
Das Urteil sagt: Die Kleine hat
Durch Tun und Reden nichts verbrochen.

Ja, stumm und tatlos standest du,
Als mich verzehrten tolle Flammen –
Du schürtest nicht, du sprachst kein Wort,
Und doch muß dich mein Herz verdammen.

In meinen Träumen jede Nacht
Klagt eine Stimme, die bezichtet
Des bösen Willens dich und sagt,
Du habest mich zu Grund gerichtet.

Sie bringt Beweis und Zeugnis bei,
Sie schleppt ein Bündel von Urkunden;
Jedoch am Morgen, mit dem Traum,
Ist auch die Klägerin verschwunden.

Sie hat in meines Herzens Grund
Mit ihren Akten sich geflüchtet –
Nur Eins bleibt im Gedächtnis mir,
Das ist: ich bin zu Grund gerichtet.

10

Es sitzen am Kreuzweg drei Frauen,[77]
Sie grinsen und spinnen,
Sie seufzen und sinnen;
Sie sind gar häßlich anzuschauen.

Die erste trägt den Rocken;
Sie dreht die Fäden,
Befeuchtet jeden;
Deshalb ist die Hängelippe so trocken.

Die zweite läßt tanzen die Spindel;
Das wirbelt im Kreise,
In drolliger Weise;
Die Augen der Alten sind rot wie Zindel.

Es hält die dritte Parze
In Händen die Schere,
Sie summt Miserere;
Die Nase ist spitz, drauf sitzt eine Warze.

O spute dich und zerschneide
Den Faden, den bösen,
Und laß mich genesen
Von diesem schrecklichen Lebensleide!

Erinnerung an Hammonia

Waisenkinder, zwei und zwei,
Wallen fromm und froh vorbei.
Tragen alle blaue Röckchen,
Haben alle rote Bäckchen –
O, die hübschen Waisenkinder!

Jeder sieht sie an gerührt,
Und die Büchse klingeliert;
Von geheimen Vaterhänden
Fließen ihnen reiche Spenden –
O, die hübschen Waisenkinder!

Frauen, die gefühlvoll sind,
Küssen manchem armen Kind
Sein Rotznäschen und sein Schnütchen,
Schenken ihm ein Zuckerdütchen –
O, die hübschen Waisenkinder!

Schmuhlchen wirft verschämten Blicks
Einen Taler in die Büchs' –
Denn er hat ein Herz – und heiter
Schleppt er seinen Zwerchsack weiter.
O, die hübschen Waisenkinder!

Einen goldnen Louisdor
Gibt ein frommer Herr; zuvor
Guckt er in die Himmelshöhe,
Ob der liebe Gott ihn sähe?
O, die hübschen Waisenkinder!

Litzenbrüder, Arbeitsleut',
Hausknecht', Küper feiern heut';
Werden manche Flasche leeren
Auf das Wohlsein dieser Gören –
O, die hübschen Waisenkinder!

Schutzgöttin Hammonia[78]
Folgt dem Zug inkognita,
Stolz bewegt sie die enormen
Massen ihrer hintern Formen –
O, die hübschen Waisenkinder!

Vor dem Tor, auf grünem Feld,
Rauscht Musik im hohen Zelt,
Das bewimpelt und beflittert;
Dorten werden abgefüttert
Diese hübschen Waisenkinder.

Sitzen dort in langer Reih',
Schmausen gütlich süßen Brei,
Torten, Kuchen, leckre Speischen,
Und sie knuspern wie die Mäuschen,
Diese hübschen Waisenkinder.

Leider kommt mir in den Sinn
Jetzt ein Waisenhaus, worin
Kein so fröhliches Gastieren;
Gar elendig lamentieren
Dort Millionen Waisenkinder.

Die Montur ist nicht egal,
Manchem fehlt das Mittagsmahl;
Keiner geht dort mit dem andern,
Einsam, kummervoll dort wandern
Viel Millionen Waisenkinder.

Aus dem Nachlaß

1649 – 1793 – ????

Die Briten zeigten sich sehr rüde
Und ungeschliffen als Regicide.
Schlaflos hat König Karl verbracht
In Whitehall seine letzte Nacht.
Vor seinem Fenster sang der Spott
Und ward gehämmert an seinem Schafott.

Viel höflicher nicht die Franzosen waren.
In einem Fiaker haben diese
Den Ludwig Capet[79] zum Richtplatz gefahren;
Sie gaben ihm keine Calèche de Remise,[80]
Wie nach der alten Etikette
Der Majestät gebühret hätte.

Noch schlimmer erging's der Marie Antoinette,
Denn sie bekam nur eine Charrette;[81]
Statt Chambellan und Dame d'Atour[82]
Ein Sansculotte mit ihr fuhr.
Die Witwe Capet hob höhnisch und schnippe
Die dicke habsburgische Unterlippe.

Franzosen und Briten sind von Natur
Ganz ohne Gemüt; Gemüt hat nur
Der Deutsche, er wird gemütlich bleiben
Sogar im terroristischen Treiben.
Der Deutsche wird die Majestät
Behandeln stets mit Pietät.
In einer sechsspännigen Hofkarosse,
Schwarz panaschiert und beflort die Rosse,
Hoch auf dem Bock mit der Trauerpeitsche

Der weinende Kutscher – so wird der deutsche
Monarch einst nach dem Richtplatz kutschiert
Und untertänigst guillotiniert.

Jammertal

Der Nachtwind durch die Luken pfeift,
Und auf dem Dachstublager
Zwei arme Seelen gebettet sind;
Sie schauen so blaß und mager.

Die eine arme Seele spricht:
'Umschling mich mit deinen Armen,
An meinen Mund drück fest deinen Mund,
Ich will an dir erwarmen.'

Die andere arme Seele spricht:
'Wenn ich dein Auge sehe,
Verschwindet mein Elend, der Hunger, der Frost
Und all mein Erdenwehe.'

Sie küßten sich viel, sie weinten noch mehr,
Sie drückten sich seufzend die Hände,
Sie lachten manchmal und sangen sogar,
Und sie verstummten am Ende.

Am Morgen kam der Kommissär,
Und mit ihm kam ein braver
Chirurgus, welcher konstatiert
Den Tod der beiden Kadaver.

'Die strenge Wittrung,' erklärte er,
'Mit Magenleere vereinigt,
Hat beider Ableben verursacht, sie hat
Zum mindestens solches beschleunigt.'

Wenn Fröste eintreten, setzt' er hinzu,
Sei höchst notwendig Verwahrung
Durch wollene Decken; er empfahl
Gleichfalls gesunde Nahrung.

Die Wanderratten

Es gibt zwei Sorten Ratten:
Die hungrigen und satten.
Die satten bleiben vergnügt zu Haus,
Die hungrigen aber wandern aus.

Sie wandern viel tausend Meilen,
Ganz ohne Rasten und Weilen,
Gradaus in ihrem grimmigen Lauf,
Nicht Wind noch Wetter hält sie auf.

Sie klimmen wohl über die Höhen,
Sie schwimmen wohl durch die Seen;
Gar manche ersäuft oder bricht das Genick,
Die lebenden lassen die toten zurück.

Es haben diese Käuze
Gar fürchterliche Schnäuze;
Sie tragen die Köpfe geschoren egal,
Ganz radikal, ganz rattenkahl.

Die radikale Rotte
Weiß nichts von einem Gotte.
Sie lassen nicht taufen ihre Brut,
Die Weiber sind Gemeindegut.

Der sinnliche Rattenhaufen,
Er will nur fressen und saufen,
Er denkt nicht, während er säuft und frißt,
Daß unsre Seele unsterblich ist.

So eine wilde Ratze,
Die fürchtet nicht Hölle, nicht Katze;
Sie hat kein Gut, sie hat kein Geld,
Und wünscht aufs neue zu teilen die Welt.

Die Wanderratten, o wehe!
Sie sind schon in der Nähe.

Sie rücken heran, ich höre schon
Ihr Pfeifen, ihr Zahl ist Legion.

O wehe! wir sind verloren,
Sie sind schon vor den Toren!
Der Bürgermeister und Senat,
Sie schütteln die Köpfe, und keiner weiß Rat.

Die Bürgerschaft greift zu den Waffen,
Die Glocken läuten die Pfaffen.
Gefährdet ist das Palladium[83]
Des sittlichen Staats, das Eigentum.

Nicht Glockengeläute, nicht Pfaffengebete,
Nicht hochwohlweise Senatsdekrete,
Auch nicht Kanonen, viel Hundertpfünder,
Sie helfen euch heute, ihr lieben Kinder!

Heut' helfen euch nicht die Wortgespinste
Der abgelebten Redekünste.
Man fängt nicht Ratten mit Syllogismen,
Sie springen über die feinsten Sophismen.

Im hungrigen Magen Eingang finden
Nur Suppenlogik mit Knödelgründen,
Nur Argumente von Rinderbraten,
Begleitet mit Göttinger Wurstzitaten.

Ein schweigender Stockfisch, in Butter gesotten,
Behaget den radikalen Rotten
Viel besser, als ein Mirabeau[84]
Und alle Redner seit Cicero.

*

'Nicht gedacht soll seiner werden!'[85]
Aus dem Mund der armen alten
Esther Wolf hört' ich die Worte,
Die ich treu im Sinn behalten.

Ausgelöscht sein aus der Menschen
Angedenken hier auf Erden,

Aus dem Nachlaß

Ist die Blume der Verwünschung –
Nicht gedacht soll seiner werden!

Herz, mein Herz, ström aus die Fluten
Deiner Klagen und Beschwerden,
Doch von *ihm* sei nie die Rede –
Nicht gedacht soll seiner werden!

Nicht gedacht soll seiner werden,
Nicht im Liede, nicht im Buche –
Dunkler Hund, im dunkeln Grabe,
Du verfaulst mit meinem Fluche!

Selbst am Auferstehungstage,
Wenn, geweckt von den Fanfaren
Der Posaunen, schlotternd wallen
Zum Gericht die Totenscharen,

Und alldort der Engel abliest
Vor den göttlichen Behörden
Alle Namen der Geladnen –
Nicht gedacht soll seiner werden!

Mein Tag war heiter, glücklich meine Nacht.
Mir jauchzte stets mein Volk, wenn ich die Leier
Der Dichtkunst schlug. Mein Lied war Lust und Feuer,
Hat manche schöne Gluten angefacht.

Noch blüht mein Sommer, dennoch eingebracht
Hab' ich die Ernte schon in meine Scheuer –
Und jetzt soll ich verlassen, was so teuer,
So lieb und teuer mir die Welt gemacht!

Der Hand entsinkt das Saitenspiel. In Scherben
Zerbricht das Glas, das ich so fröhlich eben
An meine übermüt'gen Lippen preßte.

O Gott! wie häßlich bitter ist das Sterben!
O Gott! wie süß und traulich läßt sich leben
In diesem traulich süßen Erdenneste!

*

Mittelalterliche Roheit
Weicht dem Aufschwung schöner Künste:
Instrument moderner Bildung
Ist vorzüglich das Klavier.

Auch die Eisenbahnen wirken
Heilsam aufs Familienleben,
Sintemal sie uns erleichtern
Die Entfernung von der Sippschaft.

Wie bedaur' ich, daß die Darre
Meines Rückgratmarks mich hindert,
Lange Zeit noch zu verweilen
In dergleichen Fortschrittswelt!

*

Die Söhne des Glücks beneid ich nicht
Ob ihrem Leben, beneiden
Will ich sie nur ob ihrem Tod,
Dem schmerzlos raschen Verscheiden.

Im Prachtgewand, das Haupt bekränzt
Und Lachen auf der Lippe,
Sitzen sie fröhlich beim Lebensbankett –
Da trifft sie jählings die Hippe.[86]

Im Festkleid und mit Rosen geschmückt,
Die noch wie lebend blühten,
Gelangen in das Schattenreich
Fortunas Favoriten.

Nie hatte Siechtum sie entstellt,
Sind Tote von guter Miene,
Und huldreich empfängt sie an ihrem Hof
Zarewna Proserpine.[87]

Wie sehr muß ich beneiden ihr Los!
Schon sieben Jahre mit herben,

Aus dem Nachlaß

Qualvollen Gebresten wälz ich mich
Am Boden und kann nicht sterben!

O Gott, verkürze meine Qual,
Damit man mich bald begrabe;
Du weißt ja, daß ich kein Talent
Zum Martyrtume habe.

Ob deiner Inkonsequenz, o Herr,
Erlaube, daß ich staune;
Du schufest den fröhlichsten Dichter, und raubst
Ihm jetzt seine gute Laune.

Der Schmerz verdumpft den heitern Sinn
Und macht mich melancholisch;
Nimmt nicht der traurige Spaß ein End,
So werd ich am Ende katholisch.

Ich heule dir dann die Ohren voll,
Wie andre gute Christen –
O Miserere! Verloren geht
Der beste der Humoristen!

Den Strauß, den mir Mathilde band
Und lächelnd brachte, mit bittender Hand
Weis ich ihn ab – Nicht ohne Grauen
Kann ich die blühenden Blumen schauen.

Sie sagen mir, daß ich nicht mehr
Dem schönen Leben angehör,
Da ich verfallen dem Totenreiche,
Ich arme unbegrabene Leiche.

Wenn ich die Blume rieche, befällt
Mich heftiges Weinen – Von dieser Welt
Voll Schönheit und Sonne, voll Lust und Lieben,
Sind mir die Tränen nur geblieben.

Wie glücklich war ich, wenn ich sah
Den Tanz der Ratten der Opera[88] –

Jetzt hör ich schon das fatale Geschlürfe
Der Kirchhofratten und Grab-Maulwürfe.

O Blumendüfte, ihr ruft empor
Ein ganzes Ballett, ein ganzes Chor
Von parfümierten Erinnerungen –
Das kommt auf einmal herangesprungen.

Mit Kastagnetten und Zimbelklang,
In flittrigen Röckchen, die nicht zu lang;
Doch all ihr Tändeln und Kichern und Lachen,
Es kann mich nur noch verdrießlicher machen!

Fort mit den Blumen! Ich kann nicht ertragen
Die Düfte, die von alten Tagen
Mir boshaft erzählt viel holde Schwänke –
Ich weine, wenn ich ihrer gedenke.

Morphine

Groß ist die Ähnlichkeit der beiden schönen
Jünglingsgestalten,[89] ob der eine gleich
Viel blässer, als der andre, auch viel strenger,
Fast möcht' ich sagen viel vornehmer aussieht,
Als jener andre, welcher mich vertraulich
In seine Arme schloß – Wie lieblich sanft
War dann sein Lächeln und sein Blick wie selig!
Dann mocht' es wohl geschehn, daß seines Hauptes
Mohnblumenkranz auch meine Stirn berührte
Und seltsam duftend allen Schmerz verscheuchte
Aus meiner Seel' – Doch solche Linderung,
Sie dauert kurze Zeit; genesen gänzlich
Kann ich nur dann, wenn seine Fackel senkt
Der andre Bruder, der so ernst und bleich. –
Gut ist der Schlaf, der Tod ist besser – freilich
Das beste wäre, nie geboren sein.

Lotosblume

Wahrhaftig, wir beide bilden
Ein kurioses Paar,
Die Liebste ist schwach auf den Beinen,
Der Liebhaber lahm sogar.

Sie ist ein leidendes Kätzchen,
Und er ist krank wie ein Hund,
Ich glaube, im Kopfe sind beide
Nicht sonderlich gesund.

Vertraut sind ihre Seelen,
Doch jedem von beiden bleibt fremd
Was bei dem andern befindlich
Wohl zwischen Seel und Hemd.

Sie sei eine Lotosblume,
Bildet die Liebste sich ein;
Doch er, der blasse Geselle,
Vermeint der Mond zu sein.

Die Lotosblume erschließet
Ihr Kelchlein im Mondenlicht,
Doch statt des befruchtenden Lebens
Empfängt sie nur ein Gedicht.

*

Laß mich mit glühnden Zangen kneipen,
Laß grausam schinden mein Gesicht,
Laß mich mit Ruten peitschen, stäupen –
Nur warten, warten laß mich nicht!

Laß mit Torturen aller Arten
Verrenken, brechen mein Gebein,
Doch laß mich nicht vergebens warten,
Denn warten ist die schlimmste Pein!

Den ganzen Nachmittag bis Sechse
Hab gestern ich umsonst geharrt –
Umsonst; du kamst nicht, kleine Hexe,
So daß ich fast wahnsinnig ward.

Die Ungeduld hielt mich umringelt
Wie Schlangen; – jeden Augenblick
Fuhr ich empor, wenn man geklingelt,
Doch kamst du nicht – ich sank zurück!

Du kamest nicht – ich rase, schnaube,
Und Satanas raunt mir ins Ohr:
Die Lotosblume, wie ich glaube,
Mokiert sich deiner, alter Tor!

*

Es träumte mir von einer Sommernacht,
Wo bleich, verwittert, in des Mondes Glanze
Bauwerke lagen, Reste alter Pracht,
Ruinen aus der Zeit der Renaissance.

Nur hie und da, mit dorisch ernstem Knauf,
Hebt aus dem Schutt sich einzeln eine Säule,
Und schaut ins hohe Firmament hinauf,
Als ob sie spotte seiner Donnerkeile.

Gebrochen auf dem Boden liegen rings
Portale, Giebeldächer mit Skulpturen,
Wo Mensch und Tier vermischt, Centaur und Sphinx,
Satyr, Chimäre – Fabelzeitfiguren.

Auch manches Frauenbild von Stein liegt hier,
Umkrautumwuchert in dem hohen Grase;
Die Zeit, die schlimmste Syphilis, hat ihr
Geraubt ein Stück der edlen Nymphennase.

Es steht ein offner Marmorsarkophag
Ganz unverstümmelt unter den Ruinen,
Und gleichfalls unversehrt im Sarge lag
Ein toter Mann mit leidend sanften Mienen.

Karyatiden mit gerecktem Hals,
Sie scheinen mühsam ihn emporzuhalten.
An beiden Seiten sieht man ebenfalls
Viel basrelief gemeißelte Gestalten.

Hier sieht man des Olympos Herrlichkeit
Mit seinen lüderlichen Heidengöttern,
Adam und Eva stehn dabei, sind beid'
Versehn mit keuschem Schurz von Feigenblättern.

Hier sieht man Trojas Untergang und Brand,
Paris und Helena, auch Hektor sah man;
Moses und Aaron gleich daneben stand,
Auch Esther, Judith, Holofern und Haman.[90]

Desgleichen war zu sehn der Gott Amur,
Phöbus Apoll, Vulkanus und Frau Venus,
Pluto und Proserpina und Merkur,
Gott Bacchus und Priapus und Silenus.[91]

Daneben stand der Esel Balaams[92]
– Der Esel war zum Sprechen gut getroffen –
Dort sah man auch die Prüfung Abrahams[93]
Und Lot, der mit den Töchtern sich besoffen.[94]

Hier war zu schaun der Tanz Herodias',[95]
Das Haupt des Täufers trägt man auf der Schüssel,
Die Hölle sah man hier und Satanas,
Und Petrus mit dem großen Himmelsschlüssel.

Abwechselnd wieder sah man hier skulpiert
Des geilen Jovis Brunst und Freveltaten,
Wie er als Schwan die Leda hat verführt,
Die Danae als Regen von Dukaten.

Hier war zu sehn Dianas wilde Jagd,[96]
Ihr folgen hochgeschürzte Nymphen, Doggen,
Hier sah man Herkules in Frauentracht,
Die Spindel drehend hält sein Arm den Rocken.[97]

Daneben ist der Sinai zu sehn,
Am Berg steht Israel mit seinen Ochsen,

Man schaut den Herrn als Kind im Tempel stehn
Und disputieren mit den Orthodoxen.

Die Gegensätze sind hier grell gepaart,
Des Griechen Lustsinn und der Gottgedanke
Judäas! Und in Arabeskenart
Um beide schlingt der Efeu seine Ranke.

Doch, wunderbar! Derweilen solcherlei
Bildwerke träumend ich betrachtet habe,
Wird plötzlich mir zu Sinn, ich selber sei
Der tote Mann im schönen Marmorgrabe.

Zu Häupten aber meiner Ruhestätt'
Stand eine Blume, rätselhaft gestaltet,
Die Blätter schwefelgelb und violett,
Doch wilder Liebreiz in der Blume waltet.

Das Volk nennt sie die Blum' der Passion
Und sagt, sie sei dem Schädelberg[98] entsprossen,
Als man gekreuzigt hat den Gottessohn,
Und dort sein welterlösend Blut geflossen.

Blutzeugnis, heißt es, gebe diese Blum',
Und alle Marterinstrumente, welche
Dem Henker dienten bei dem Märtyrtum,
Sie trüge sie abkonterfeit im Kelche.

Ja, alle Requisiten der Passion
Sähe man hier, die ganze Folterkammer,
Zum Beispiel: Geißel, Stricke, Dornenkron',
Das Kreuz, den Kelch, die Nägel und den Hammer.

Solch eine Blum' an meinem Grabe stand,
Und über meinem Leichnam niederbeugend,
Wie Frauentrauer, küßt sie mir die Hand,
Küßt Stirne mir und Augen, trostlos schweigend.

Doch, Zauberei des Traumes! Seltsamlich,
Die Blum' der Passion, die schwefelgelbe,
Verwandelt in ein Frauenbildnis sich,
Und das ist Sie – die Liebste, ja Dieselbe!

Du warst die Blume, du geliebtes Kind,
An deinen Küssen mußt' ich dich erkennen.
So zärtlich keine Blumenlippen sind,
So feurig keine Blumentränen brennen!

Geschlossen war mein Aug', doch angeblickt
Hat meine Seel' beständig dein Gesichte,
Du sahst mich an, beseligt und verzückt
Und geisterhaft beglänzt vom Mondenlichte!

Wir sprachen nicht, jedoch mein Herz vernahm,
Was du verschwiegen dachtest im Gemüte –
Das ausgesprochne Wort ist ohne Scham,
Das Schweigen ist der Liebe keusche Blüte.

Lautloses Zwiegespräch! man glaubt es kaum,
Wie bei dem stummen, zärtlichen Geplauder
So schnell die Zeit verstreicht im schönen Traum
Der Sommernacht, gewebt aus Lust und Schauder.

Was wir gesprochen, frag es niemals, ach!
Den Glühwurm frag, was er dem Grase glimmert,
Die Welle frage, was sie rauscht im Bach,
Den Westwind frage, was er weht und wimmert.

Frag, was er strahlet, den Karfunkelstein,
Frag, was sie duften, Nachtviol' und Rosen –
Doch frage nie, wovon im Mondenschein
Die Marterblume und ihr Toter kosen!

Ich weiß es nicht, wie lange ich genoß
In meiner schlummerkühlen Marmortruhe
Den schönen Freudentraum. Ach, es zerfloß
Die Wonne meiner ungestörten Ruhe!

O Tod! mit deiner Grabesstille, du,
Nur du kannst uns die beste Wollust geben;
Den Krampf der Leidenschaft, Lust ohne Ruh',
Gibt uns für Glück das albern rohe Leben!

Doch wehe mir! es schwand die Seligkeit,
Als draußen plötzlich sich ein Lärm erhoben;

Es war ein scheltend, stampfend wüster Streit,
Ach, meine Blum' verscheuchte dieses Toben!

Ja, draußen sich erhob mit wildem Grimm
Ein Zanken, ein Gekeife, ein Gekläffe;
Ich glaubte zu erkennen manche Stimm' –
Es waren meines Grabmals Basrelieffe.

Spukt in dem Stein der alte Glaubenswahn?
Und disputieren diese Marmorschemen?
Der Schreckensruf des wilden Waldgotts Pan
Wetteifernd wild mit Mosis Anathemen![99]

O, dieser Streit wird enden nimmermehr,
Stets wird die Wahrheit hadern mit dem Schönen,
Stets wird geschieden sein der Menschheit Heer
In zwei Partein: Barbaren und Hellenen.

Das fluchte, schimpfte! gar kein Ende nahm's
Mit dieser Kontroverse, der langweil'gen,
Da war zumal der Esel Balaams,
Der überschrie die Götter und die Heil'gen!

Mit diesem I-a, I-a, dem Gewiehr,
Dem schluchzend ekelhaften Mißlaut, brachte
Mich zur Verzweiflung schier das dumme Tier,
Ich selbst zuletzt schrie auf – und ich erwachte.

Der Scheidende

Erstorben ist in meiner Brust
Jedwede weltlich eitle Lust,
Schier ist mir auch erstorben drin
Der Haß des Schlechten, sogar der Sinn
Für eigne wie für fremde Not –
Und in mir lebt nur noch der Tod!

Der Vorhang fällt, das Stück ist aus,
Und gähnend wandelt jetzt nach Haus
Mein liebes deutsches Publikum,

Die guten Leutchen sind nicht dumm;
Das speist jetzt ganz vergnügt zu Nacht,
Und trinkt sein Schöppchen, singt und lacht –
Er hatte recht, der edle Heros,[100]
Der weiland sprach im Buch Homeros':
Der kleinste lebendige Philister,
Zu Stukkert am Neckar, viel glücklicher ist er,
Als ich, der Pelide, der tote Held,
Der Schattenfürst in der Unterwelt.

NOTES

1. See Daniel 5.

2. The dead were supposed to leave their graves at midnight and dance round gallows; see G.A. Bürger's poem 'Lenore'.

3. The Last Judgement.

4. Not in fact a folk-tale, but a recent invention, suggested by the Lurleyfels on the Rhine. Brentano's 'Lore Lay' appeared in his novel *Godwi* in 1802; Heine adapted a later version by Otto Graf von Loeben (1821).

5. Egyptian priests, Muslim scholars, Catholic priests and eighteenth-century rationalists.

6. Matthew 16:18, 'On this rock will I build my church.'

7. Fasching (Carnival) precedes Ash Wednesday, which initiates Lent (period of fasting).

8. See Psalms 103:14.

9. Pomerania, well to the east of Hamburg (where the poem is set); proverbial as a backwater.

10. 'Schilda': fictitious town populated by fools. The oak was a nationalist symbol; the Roman historian Tacitus reported that the ancient Germans worshipped their gods in oak groves.

11. Expulsion from a university. 'Magnifikus': 'magnificence'; the Rector of a German university has the title 'Magnifizenz'. 'Lumen Mundi': 'light of the world'; cf. Matthew 5:14.

12. Cupid, God of love, with bow and arrows.

13. The Prussian eagle; cf. *Deutschland: Ein Wintermärchen*, Caput 2. The double-headed eagle appears on the Austrian coat of arms.

14. Germanized version of *sans-culotte*: a working-class revolutionary in the French Revolution.

15. Heine took this story from Herodotus, *Histories*, Book 2, dealing with ancient Egypt.

16. The Valkyries in Scandinavian mythology were semi-divine female warriors who chose which heroes should be slain in battle and transported to Valhalla, the palace in which their souls would feast.

17. Heine quotes the passage from Auguste Thierry's *Histoire de la conquête de l'Angleterre par les Normands*, as follows:

Sépulture du roi Harold. – Deux moines saxons, Asgod et Ailrik, députés par l'abbé de Waltham, demandèrent et obtinrent de transporter dans leur église les restes de leur bienfaiteur. Ils allèrent à l'amas des corps dépouillés d'armes et de vêtements, les examinèrent avec soin l'un après l'autre, et ne reconnurent point celui qu'ils cherchaient, tant ses blessures l'avaient défiguré. Tristes, et désespérant de réussir seuls dans cette recherche, ils s'adressèrent à une femme que Harold, avant d'être roi, avait entretenue comme maîtresse, et la prièrent de se joindre à eux. Elle s'appelait Édithe, et on la surnommait la Belle au cou de cygne. Elle consentit à suivre les deux moines, et fut plus habile qu'eux à découvrir le cadavre de celui qu'elle avait aimé.

18. Originally published as 'Das Wiegenlied'; by changing the title when he included it in *Romanzero*, Heine applied it specifically to Charles I of England, in hiding from the Parliamentary forces who were to execute him in 1649.

19. i.e., a blind, ignorant Christian faith; probably this phrase inspired Heine to confront the king with a charcoal-burner's child.

20. Conflates Mount Parnassus, the seat of Apollo and the Muses in Greek mythology, with its namesake, Montparnasse in Paris. 'Kastalia' is the spring whose waters gave poetic inspiration.

21. Artemis or Diana, goddess of hunting, Apollo's sister.

22. A nymph who was turned into a laurel to protect her from Apollo. The laurel is also the symbol of poetic achievement.

23. A religious order.

24. The Portuguese synagogue for Sephardic Jews (those originally from Spain and Portugal), as opposed to the synagogue for Ashkenazic (German) Jews.

25. A pun: he 'circumcised sovereigns' (kings) and 'clipped sovereigns' (coins).

26. Market-place in Amsterdam.

27. A clown.

28. The Assyrian general who attacked the Jews; see the Book of Judith in the Apocrypha; he was a popular comic figure because of his bragging (as in Nestroy's play *Judith and Holofernes*).

29. The melody to which prayers are recited in the synagogue.

30. See 1 Kings 2.

31. Heine found this story in Stendhal's *De l'amour* (1822).

32. See 1 Kings 4:33 and 11:3.

33. A reminiscence of Heine's stay in London in the summer of 1827, when he evidently visited a brothel.

34. The statue of the humanist Desiderius Erasmus (1466-1536) in his birthplace Rotterdam.

35. A mountain in Thuringia under which the medieval Emperor Friedrich Barbarossa was supposed by popular legend to be still living and assembling knights whom he would eventually lead out to liberate Germany. Heine parodies this legend in *Deutschland: Ein Wintermärchen*.

36. The mountain containing the cavern of the goddess Venus, who, according to legend, allowed the knight Tannhäuser to share her erotic pleasures; see Heine's poem 'Der Tannhäuser'.

37. The colours of the German flag from 1848 onwards; Heine disliked and feared German nationalism.

38. Winged horse of Greek myth, used by Heine to symbolize poetry.

39. Spanish stew. 'Garbanzos': peas.

40. The Virgin Mary, the Mother of Sorrows.

41. A mistake for John Martin (1789-1854), whose visionary and apocalyptic paintings may be seen in the Tate Gallery and elsewhere.

42. A fresco (no longer in existence) in the Dominican monastery at Basle, dating from 1470, and showing the Dance of Death.

43. A famous figure on a fountain in Brussels.

44. Hymn beginning 'Te deum laudamus' (We praise Thee, o God).

45. Spaniards who claimed to trace their ancestry back before the Moorish occupation of Spain.

46. Moors.

47. Opening words of Psalm 130: 'From the depths I have cried to Thee.'

48. Figure invented by Heine.

49. Popular euphemism for the Devil.

50. Lilith, according to Jewish tradition Adam's first wife, who later became a she-devil and erotic temptress; here conflated with the serpent in the Garden of Eden.

51. Kaddish, Jewish prayer for the dead.

52. Heine's wife and her companion.

53. The Latin poet Horace (Quintus Horatius Flaccus), who by his own confession ran away from the Battle of Philippi.

54. 28 August 1849 was the centenary of Goethe's birth; Heine regarded Goethe as a deeply conservative writer, who could appropriately be celebrated in a period of counter-revolution.

55. Henriette Sontag, a once popular singer, now attempting a come-back.

56. The Hungarian composer and pianist Franz Liszt (1811-86).

57. From Falstaff's boastful speech in *1 Henry IV*, II, v: 'here I lay, and thus I bore my point.'

58. 'Praiseworthy heroes', a quotation from the opening of the German medieval epic, the *Nibelungenlied*.

59. Austria had formed an alliance with Russia to suppress the uprising in Hungary.

60. The *Arabian Nights*.

61. Words to be uttered by a Jew on entering the synagogue; from Numbers 24:5.

62. Platform from which the Bible is read aloud.

63. Torah, the Jewish Law contained in the first five books of the Old Testament.

64. 'Come, my friend, to meet the bride!' (Hebrew); opening of the Sabbath hymn.

65. Medieval Hebrew poet (ca. 1075-141), subject of another poem by Heine; the Sabbath hymn was, however, composed by Solomon Halevy Alkabets.

66. The Queen of Sheba: see 1 Kings 10.

67. (Hebrew): myrtle.

68. Bean soup with dumplings, eaten on the Sabbath.

69. Parody of Schiller's 'An die Freude'.

70. Splashing fountains.

71. Literally, the house of God: see Genesis 28:19.

72. The spice-box, wine-cup and light are used as described here in the *Havdala*, the service which ends the Sabbath.

73. The composer Giacomo Meyerbeer (1791-1864), with whom Heine had a long-standing feud.

74. See *The Merchant of Venice*, V, ii.

75. The north wind.

76. Court of an inferior magistrate (more usually *Schöffe*).

77. The Fates (Latin 'Parcae', German 'Parzen') of classical mytho-logy.

78. The patron goddess of Hamburg, who appears – again as an enor-mous woman – in *Deutschland: Ein Wintermärchen*.

79. Louis XVI, executed 1793, disrespectfully referred to by his sur-name.

80 Ornate official coach.

81. Ordinary two-wheeled cart or tumbril.

82. Chamberlain (domestic servant) and lady-in-waiting.

83. Originally an image of the goddess Athene which was kept in Troy and thought to ensure the city's safety; the Greek besiegers managed to steal it.

84. Honoré-Gabriel Riqueti, comte de Mirabeau (1749-91), leading orator in the early phase of the French Revolution, who defended constitutional monarchy.

85. A Jewish curse.

86. The scythe with which the figure of Death was traditionally equipped.

87. Queen of the underworld in classical mythology.

88. 'Rats d'opéra', colloquial French term for trainee ballet dancers.

89. In Greek mythology Sleep and Death were personified as two brothers: Hypnos (Sleep) carries poppies (which induce sleep), Thanatos (Death) holds a lowered torch.

90. Enemy of the Jews in the Book of Esther.

91. A satyr (half man, half goat) in classical mythology; a companion of Bacchus, the god of wine, and appropriately linked with Priapus, the Roman god of fertility.

92. Numbers 22:21-35. The Lord spoke to Balaam through his donkey.

93. God ordered Abraham to sacrifice his son Isaac: Genesis 22.

94. Genesis 19:30-8. In order to become pregnant, Lot's daughters made their father drunk. He thus did not realize he was having intercourse with them.

95. A mistake: it was Herodias' daughter who was rewarded for her dancing with the head of John the Baptist: see Mark 6.

96. Diana, the goddess of the hunt, became associated in medieval German folklore with the 'Wild Hunt' of the dead, depicted in *Atta Troll*.

97. At one stage in his career Hercules took service with Queen Omphale of Lydia, who made him dress as a woman and work at spinning.

98. Golgatha, explained in the New Testament as meaning 'the place of a skull'.

99. Curses.

100. Achilles (see Introduction); he was the son of Peleus, hence 'Pelide'.